DANS LA DOULEUR DU SIÈCLE

Les éditions Cairn bénéficient du soutien de la DRAC
et de la Région Nouvelle-Aquitaine

Couverture : © Dan Buster

ISBN : 979-10-7006-180-0

Gilles VINCENT

DANS LA DOULEUR DU SIÈCLE

cairn

Israël correspond à une fantaisie étrange,
très particulière ; un fantasme d'orphelins
où les adultes ont disparu et où les adolescents
se retrouvent investis de la tâche de bâtir un pays.

Nathalie Portman

PREMIÈRE PARTIE

1

Juillet 2010

Le dos de la mère, quand elle prend un peu appui, comme ça, contre la fenêtre à petits carreaux, les cheveux ramenés en boule contre la nuque et le cordon du tablier noué à la va-vite et qui lui enserre les reins…

Les mèches ont gagné en reflets gris, les épaules en courbures lasses, la voix d'Annah, elle, ne s'est pas altérée. Ou si peu.

Samuel Adler se dit souvent qu'entre les cordes vocales, les graves et les aigus de sa mère forment une trame constante sur laquelle le temps a peu de prise. Une identité sonore qui paraît à l'abri du vieillissement.

Aussi loin qu'il remonte l'engrenage millimétré de sa mémoire, Samuel retrouve l'image, intacte. La silhouette à contrejour, le dos, le chignon bricolé, la voix qui dit le fatalisme.

— C'est tout ton père, ça…

Combien de fois Samuel a-t-il entendu sa mère lâcher cette courte phrase, immuable. Comme une sentence, une résignation. Cette façon bien à elle de suspendre sa respiration juste après avoir prononcé le *ça*, ce dernier mot. Puis de laisser flotter dans l'air les deux ou trois secondes qui suivent et de laisser tomber la suite :

— … Tout ton père. Oui, tout ton père…

Une habituelle redite, comme on s'abandonne et s'incline face à toutes ces choses de la vie.

Samuel Adler soupèse sans commenter le poids de la formule maternelle.

Rien à ajouter, aucun épilogue, aucune autre conclusion.

Il tente de compter les années, les décennies, fronce le front, le haut de son nez, impose à ses sourcils une curieuse ligne brisée.

D'un doigt posé sur le vitrage, elle indique le ciel, là-bas, au-delà des crêtes. Souligne d'un mot le sombre des vallées, prononce le nom de celle d'Ossau, évoque les sentiers de montagnes où Léon Adler a coutume de promener sa solitude. Elle dit les nuages chargés comme des chagrins qui, régulièrement, dévalent sur la plaine.

Puis elle jette un œil à l'horloge murale, soupire au retard du père.

— Ce qui m'inquiète, tu vois, c'est qu'il soit parti sans ses vêtements de pluie. Il a tout laissé dans la chambre.

Sur la terrasse, les premières gouttes, éparses et lourdes.

— Et d'oublier tout ça, tu vois, Samuel, c'est pas du tout ton père...

Les gouttes suivantes, plus percutantes, nombreuses. Bientôt, un crépitement de pluie d'été.

Annah se tourne vers lui. Dans son regard, une lueur d'inquiétude.

— Mais alors, pas du tout...

*

La minuterie du four indique dix-neuf heures quarante-sept.

Une heure cinquante bientôt que Léon Adler devrait être rentré.

Plus d'une heure maintenant qu'Annah n'a pas quitté la fenêtre. Figée face au soir tombé avec l'orage.

Samuel s'est servi un café dans une ample tasse. A ignoré la remarque de sa mère quand elle a évoqué les troubles probables de son sommeil, cette fâcheuse irresponsabilité qu'il a d'absorber de la caféine après dix-sept heures.

Il a préféré se taire, ne pas relever. Lui dire en silence, à cette mère qui sait tout depuis qu'il est né et qu'il aime pourtant plus que tout au monde, lui dire que son sommeil est une des rares choses qui lui appartiennent. Un univers à lui qu'il aime agencer comme il l'entend. Les nuits blanches, les insomnies, les attentes patientes du jour. Là où tant d'autres se prendraient la tête entre les poings avant de vider des tubes de gélules sous ordonnance, lui, seul dans ses draps tirés au cordeau, aime explorer les heures sans répit. Faire le tour des souvenirs en tempêtes, des solitudes construites avec minutie ; ces territoires intérieurs qui dessinent les contours de son unique terrain de jeux. Précieuses terres de perdition, territoires d'errance, d'aléatoires et modestes voyages…

Aux réflexions de sa mère, il préfère ne pas répondre. Éviter le rapport de force. Il n'en possède ni les armes, ni les ruses. Encore moins l'habitude.

Et cela fait cinquante-sept ans que ça dure…

À dix-neuf heures cinquante et une, il sent sa mère se raidir. Un tressaillement.

Côté rue, le ronflement d'un moteur. Puis le grincement de la grille qui ouvre sur l'allée de ciment menant en pente douce jusqu'au garage.

Le claquement d'une portière.

Samuel voit sa mère fixer l'ombre trempée du père. Il la suit des yeux quitter la fenêtre, se précipiter dans le couloir jusqu'à la porte d'entrée.

— Il est arrivé quelque chose…

C'est ce qu'il lui entend dire avant qu'elle n'ouvre sur le perron.

*

Samuel n'ose se lever. Il reste là, dans la cuisine, le cul vissé sur sa chaise. Il ferme les yeux, suit à l'oreille la scène qui se déroule à quelques mètres de lui, derrière la cloison.

Les pas du père dans l'escalier, les mots de la mère qui disent qu'il va attraper la mort, qu'il doit se changer sans attendre, mais qu'est-ce qui t'est arrivé, mon pauvre Léon, d'où tu nous sors comme ça, avec tes heures de retard ?

Les pas du père dans le couloir qui conduit aux chambres, son geste de repousser la mère du bras, de libérer la voie, manière de se frayer un passage jusqu'à la dernière porte, à droite, celle de son bureau qu'il ferme derrière lui avant de tirer le verrou.

Quarante-huit heures à taper à l'huis de chêne, à coller le visage contre le bois, à murmurer des invitations à parler, à dire, à supplier qu'il ouvre, qu'il raconte le drame.

Samuel et sa mère se relaient, chacun leur tour. Ils ont l'étrange allure qu'ont les négociateurs lors d'une prise d'otages. Des scénaristes de la parole, de l'échange comme possible sortie de secours.

À l'issue de la première nuit, Samuel déserte la scène. Il rejoint sa chambre, se laisse tomber sur les couvertures. Avant de sombrer, il entend sa mère pleurer.

Toute la journée qui suit est jalonnée de crises. Crises de nerfs, de larmes, de colères, d'incompréhensions hurlées.

De l'autre côté de la porte, pas un mot.

Annah Adler ne se lave pas, ne se coiffe pas non plus. Les cheveux de son chignon en perdition sur les épaules lui donnent l'air d'une femme bien fatiguée. En train de devenir un peu folle, aussi.

Elle s'assoit sur le carrelage, face à la porte du bureau, repose le dos contre le mur, relève les genoux contre sa poitrine.

Samuel prend ses quartiers dans la cuisine. Il vide une cafetière à grands bols entiers, écoute sa mère palpiter dans le couloir. Parler une heure d'affilée, dire Léon plus de cent fois, lui raconter en boucle le défilement des années. Les heures moroses, aussi, et les minutes haletantes. Et puis, elle se tait, semble s'enrouler dans un épais silence. Une attente compacte.

De l'autre côté de la porte, pas un signe.

Le second soir arrive comme une couette où se blottir. Annah rejoint la chambre du fils. Samuel se pousse un peu, libère une bande de matelas. Annah lui prend la main. Elle dit qu'au matin, elle appellera la police.

La nuit, ils ont gardé les yeux ouverts, ont guetté le moindre bruit dans la pièce d'en face. Le glissement d'un pas, une page qu'il tourne, l'affaissement du corps au creux du fauteuil en cuir, le sifflement régulier de Léon Adler une fois assoupi.

Le jour se pointe comme une nuit à oublier.

Finalement, elle n'appelle pas la police. Cette histoire, ils vont la régler entre eux.

Annah change de stratégie. Elle passe par la salle de bains, se coiffe et noue autour de la taille un tablier propre.

Un peu comme ceux que la perte de l'autre bouscule, elle dit qu'il faut continuer à vivre. Elle dit aussi à Samuel que le père va bien finir par s'extraire de son terrier. À son âge, on ne se lance pas dans une grève de la faim, voyons ! Aussi, quand il sortira se remplir l'estomac, sans doute en aura-t-il fini de son caprice de silence. Sans doute aura-t-il besoin de se raconter, de ne pas rester seul avec une pauvre histoire sur la conscience…

Le second soir, à dix-neuf heures quarante-sept, de la cuisine, ils perçoivent le frottement du verrou. Puis, le bruit feutré des pas dans le couloir.

Annah pose un doigt sur ses lèvres.

Léon pousse la porte, traverse la cuisine sans rien dire. De la cafetière du matin, il se verse un café plus que refroidi, ouvre la porte-fenêtre qui donne sur la terrasse et tire un fauteuil à lui. Le vieux siège en osier tressé qu'il traîne depuis des lustres.

Annah et Samuel n'ont pas ouvert le bec.

Elle regarde son fils, comprend à sa mine hébétée qu'il a vu la même chose qu'elle. Un fantôme de mari, fantôme de père. Les yeux hagards derrière le verre poli de ses lunettes, le pas traînant de ceux qui semblent ne plus avoir de chemin à suivre.

Sur la terrasse, Léon Adler s'est tourné vers le sud-est. Vers les premiers versants des Pyrénées qu'il scrute attentivement. À moins qu'il ne perde son regard bien au-delà de la géographie. Bien au-delà du monde de ceux qui l'entourent et qui, désormais, ne pourront plus lui tirer un mot. Jamais.

Parfois un sourire silencieux. Et encore…

Le plus souvent, la bouche demeure désespérément muette. Lèvres serrées d'un homme entré en deuil de quelque chose qui échappe à tous. Une peine mystérieuse qui lui est tombée dessus un après-midi pluvieux de juillet.

Depuis cinq ans, à la femme et au fils, aux médecins, aux amis, à la terre entière Léon Adler a retiré le son de sa voix.

Comme une mort qui refuse de dire son nom…

2

Jeudi 20 avril 1944, Lestelle-Bétharram,
Basses-Pyrénées, huit heures cinquante

Quand elle vit les camions surgir dans la cour, les portières des tractions s'ouvrir sur le cuir sombre des gabardines, Mina Goldberg sut qu'il était trop tard.

Dans sa gorge, une boule. Chaude et palpitante comme un oiseau captif.

Sur leurs bancs, les enfants soudain silencieux suspendirent leurs prunelles à la bouche de leur maîtresse. Muette.

La porte de la salle de classe s'ouvrit sur le visage de Lucie Hartmann, la plus âgée des accompagnatrices.

Une craie entre les doigts, elle fit face à Mina, lui souffla juste : « La Milice… C'est la Milice. »

Dehors, un des hommes en civil lança une phrase. Un cri, un ordre, un signal de départ.

Mina approcha son front de la vitre, suivit le mouvement des pardessus serrés à la taille, des pantalons flottants, des uniformes et des casques luisants, cette course empressée vers les marches fendillées du perron.

Elle s'entendit prononcer : « Les Allemands, aussi… »

Le poing de celui qui semblait mener la troupe cogna aux carreaux de l'entrée.

La jeune femme s'avança jusqu'à son bureau, repoussa la chaise d'un mouvement de la main. Une attitude identique à ce geste du soir, comme définitif, quand elle signifie aux petits la fin de leurs cours.

Devant elle, Hans, Renate, Charles, Joseph, Jacob… Dix-sept enfants de quatre à huit ans.

Dans la salle d'à côté, Eva, la monitrice belge, silencieuse au milieu de sa classe, entourée de treize enfants de neuf à treize ans.

Au bout du corridor, près de la porte qui donne sur le grand réfectoire, Léa s'est tue, elle aussi. Elle a posé un index sur ses lèvres, intimé le silence aux quinze adolescents de quatorze à dix-sept ans qui emplissent sa classe.

Sur le carrelage du couloir, le pas pressé d'Olga, la directrice de *La Colonie*.

Dans l'entrée, le carreau cède sous les doigts impatients. Sur les dalles, le verre en minuscules étoiles. Contre le mur, le claquement de la porte.

— Police allemande ! Vous êtes en état d'arrestation.

Le chef de la Gestapo de Bordeaux avait voyagé toute la nuit et entendait mener l'affaire bon train. Il empoigna Olga par le bras, l'entraîna dans le long vestibule.

— Il ne doit manquer aucun des enfants. Combien en avez-vous au juste ? On m'a parlé d'une quarantaine...

Olga Lilienblum savait parfaitement compter jusqu'à quarante-six.

Le nombre d'enfants réfugiés avait beau évoluer au rythme des départs et des arrivées, elle tenait scrupuleusement son cahier d'entrée et de sortie. Les noms, prénoms, pays d'origine, les orphelins, ceux dont les parents avaient disparu on ne sait où. Tout était consigné à l'encre bleue dans le tiroir de son bureau. Toutes ces pages, elle en était soudain percée de peur, bientôt livrées à la méticulosité germanique...

— Madame, je vous ai posé une question.

Ce matin, au petit-déjeuner, lors de l'appel, manquait Léon. Le petit Léon Adler, huit ans.

Dans son lit ouvert, des draps plus que frais. Dans son armoire, l'empreinte des chaussures manquantes. Léon n'aurait jamais abandonné Sarah, sa jeune sœur. Jamais. C'est ce que s'était dit l'équipe éducative. Léon n'était pas parti. C'était un caprice de la nuit. Rien d'autre qu'une audace de gamin avide de maraude sous la lune.

— Quarante-cinq, monsieur. Oui, c'est ça… J'en ai quarante-cinq.

Les soldats prirent position dans le passage qui distribuait les classes.

Friedrich Sommer lâcha le bras de la directrice. Calmement, il ouvrit la porte de chacune des salles. Puis il se campa au milieu du couloir, bien droit sur ses jambes légèrement écartées.

— Vous avez cinq minutes pour préparer votre départ. Chaque enfant prendra son manteau et un peu d'eau. Tout objet personnel sera superflu. Mes hommes accompagneront chaque groupe dans son dortoir.

Comme par magie, un briquet apparut au bout de ses doigts, puis la fumée âcre de la cigarette consommée avec délectation.

— Inutile de vous préciser que le personnel enseignant accompagne ses élèves.

L'officier s'approcha d'Olga.

— Nous partons dans dix minutes. Évidemment, vous faites partie du voyage. Comme les autres.

Olga se dit que le français de cet Allemand était parfait. Bien meilleur que le sien, réfugiée de Lituanie.

Comme s'ils avaient compris la gravité de la situation, les enfants adoptèrent une mine grave et obéirent aux consignes sans broncher. Une fois les manteaux noués autour de la taille, les gourdes de métal remplies au robinet, ils se regroupèrent dans la cour.

Les moteurs n'avaient cessé de tourner, et les gaz d'échappement avaient du mal à se dissiper dans l'air frais du matin.

Les ridelles métalliques claquèrent à l'arrière des camions. Les enfants, aidés des monitrices, commencèrent à s'installer sous les bâches.

Côte à côte, visages tendus et gorges sèches.

L'officier SS compta jusqu'à quarante-cinq, feuilleta une dernière fois le registre saisi dans le bureau de la directrice. D'un air perplexe, il observa la campagne alentour. Son regard gris s'attarda quelques secondes sur la cime des hêtres, puis caressa le reflet doré des fougères. Le plus loin qu'il put, il suivit le tracé du chemin Nougue qui descendait sur la droite avant de disparaître dans les profondeurs d'un vallon.

Puis il rejoignit la traction noire de la milice qui ouvrait la marche, s'avachit sur le siège passager et donna l'ordre d'évacuer les lieux.

Hormis le craquement des carrosseries malmenées par les ornières, le convoi s'ébranla dans un silence impressionnant. Le premier camion dépassa la Croix des Hauteurs et s'enfonça dans la descente qui serpentait jusqu'au village entre de hauts talus boisés.

À l'arrière du premier véhicule, Léa se mit à murmurer un refrain appris par cœur. Un de ces couplets enseignés par son père et qui n'avait pas quitté sa mémoire. Les premiers mots comme un doux souvenir, *Vous n'aurez pas l'Alsace et la Lorraine…* Ces quelques vers répétés par ses oncles au final des repas arrosés, cette chanson apprise à ses élèves réfugiés, *Et malgré vous, nous resterons français…* Ces mots de résistance aux accents revanchards que les gamins assis près d'elle commencèrent à reprendre, *Vous avez pu germaniser la plaine…* avec leur accent de petits Juifs autrichiens, belges, allemands, polonais. Et les voix se firent plus sûres au fil des paroles. Puis, étonnante contagion, les gosses d'Eva, dans le camion suivant reprirent ensemble, *Mais notre cœur, vous ne l'aurez jamais…* Et ce fut le tour du troisième véhicule où les petits de Mina chantèrent comme ils purent les mots qu'ils ne comprenaient pas, *Vous n'aurez pas l'Alsace et la Lorraine… Et malgré vous, nous resterons français…*

Après le troisième virage, le convoi atteignit la brume qui montait de la plaine. Un à un, les camions disparurent dans le brouillard et les voix des enfants se firent peu à peu lointaines.

Le silence retomba sur la Croix des Hauteurs.

Autour des trois bâtiments de *La Colonie*, seul le mouvement anarchique des oiseaux. Des herbes rases, aussi, malmenées par le vent des montagnes.

Ne restaient que des briques, des pierres et quelques arbres, uniques témoins de cette jeunesse qui roulait maintenant vers sa fin, si loin à l'est du monde. Là où derrière des murs trop hauts, dans le noir et le gris de la cendre, se dressent des cheminées immenses.

3

Plus tôt

Quand Léon ouvrit un œil, il ne perçut d'abord qu'un faisceau de tiges blondes. Il ferma les paupières, se frotta le nez entre les doigts, puis il écarquilla les yeux et comprit, à la clarté du jour, que l'heure du petit-déjeuner était déjà loin derrière lui. Il se dit qu'il avait manqué l'appel du matin, qu'on avait dû le chercher jusqu'au fond de son lit et, qu'à cet instant précis, la classe avait sans doute démarré sans lui.

Il redressa la tête, d'un geste de la main évacua la paille de ses mèches bouclées.

Allongé à ses côtés, à moitié enseveli sous le chaume, Louis Domec, le fils de la ferme du bas semblait endormi pour toujours.

Manière d'apaiser son désarroi, le petit Léon se laissa tomber sur le dos, abandonnant son cou aux griffures de la meule. Son regard se perdit sur les cheminements tortueux de la charpente du hangar, et les images de la veille, comme d'un rêve, lui revinrent à l'esprit.

En fin d'après-midi, alors que sa classe revenait d'une promenade pédagogique, Louis, son copain de pâturages, s'était joint aux élèves. Le temps de lui souffler que la nuit prochaine, Irénée, la plus belle du troupeau, allait mettre bas. Que ça valait tous les spectacles de la terre et que si ça lui disait, il pouvait être aux premières loges. Il lui suffisait, ce soir, d'abandonner ses compagnons de dortoir, de descendre jusqu'aux cuisines en évitant le craquement des marches, d'emprunter la porte de service, de contourner les bâtiments et de s'enfoncer dans la descente jusqu'à la ferme. Un vrai parcours du combattant…

Quelques instants, Léon avait laissé le groupe lui mettre quelques mètres d'avance. Il avait écouté les mots de Louis, imaginé la tiédeur de la paille, les premiers pas du veau sur la terre des hommes…

Leurs paumes avaient claqué l'une contre l'autre. Rendez-vous pris pour le soir même à onze heures trente.

Après le repas, Léon Adler avait rejoint Sarah, sa sœur cadette de deux ans. Il avait demandé à Mina, la monitrice des petits, l'autorisation d'amener la fillette à quelques pas de là, le temps d'une comptine, d'un bref câlin de grand frère.

Puis, à neuf heures, comme tous les enfants de *La Colonie*, il avait rejoint son dortoir.

Pour échapper à la tentation de l'assoupissement, après avoir observé ses camarades sombrer chacun leur tour, Léon avait tenté de se remémorer les traits précis de ses parents. Les yeux rivés aux moulures grises du plafond, il avait reconstitué leurs visages, retrouvé les courbes des mentons, des lèvres, le grain des peaux, les rondeurs tourmentées des chignons de sa mère...

À l'instant où l'horloge du réfectoire avait égrené son onzième coup, le jeune garçon avait enfilé ses vêtements. Puis, il s'était glissé jusqu'aux cuisines, avait franchi la porte du cellier, fait le tour des bâtisses et, une fois les fenêtres de l'étage hors de vue, il s'était mis à courir entre les ornières, à dévaler le chemin Nougue jusqu'à apercevoir, blottie sous les frondaisons, la silhouette de la ferme.

Dans l'étable, Irénée s'était déjà mise à l'ouvrage. Le père Domec, tout occupé au travail de la bête, lui avait fait signe de s'asseoir sur le côté, près de Louis.

Une bonne heure plus tard, le veau avait tenté ses premiers pas, hasardeux, comme saoul déjà de l'air frais de la vie.

Alors que Léon s'apprêtait à repartir, l'orage avait déversé des trombes sur ce flanc de colline, rendant tout retour illusoire. À force d'attendre que le ciel se calme, gagnés par la fatigue et le froid, les deux garçons avaient fini par se couvrir de paille.

Avant de fermer les yeux, *croix de bois-croix de fer*, ils s'étaient juré un réveil avant l'aube…

*

Léon se redressa entre les ballots, enjamba les monticules de paille, atteignit la cour de la ferme.

Dans son dos, la voix de Louis soudain réveillé.

— Tu vas où, comme ça ? T'as rien dans le ventre…

Léon indiqua du doigt le soleil qui pointait derrière la ligne décousue des monts.

— Pas le temps. Vu l'heure, je vais me faire botter les fesses, là-haut.

Et il se mit à courir au milieu des fondrières creusées par le déluge des heures précédentes avant de disparaître derrière les premiers arbres.

Le chemin Nougue était une montée si raide que les bâtiments de *La Colonie* n'apparaissaient que dans les cent derniers mètres.

Léon brossa son short du revers de la main, grimaça à la vue de ses bottines crottées de boue.

Sur le plat du chemin, il reprit peu à peu son souffle. Pour se donner du courage, serra bien fort les poings.

En approchant des bâtiments, il remarqua la grande grille ouverte, ses battants de fer forgé rabattus sur les murs de briques grises.

Parvenu à l'entrée de la propriété, il hésita à faire sonner la cloche qui pendouillait sur le côté. Peut-être était-il plus raisonnable de se faire discret et de filer tout droit jusqu'au bureau de Madame Olga, la directrice. Peut-être que…

Dans la cour, au beau milieu des flaques, des poupées de chiffon, des livres, des trousses. En désordre sur les marches du perron, des vêtements éparpillés.

Léon Adler sortit les mains de ses poches, regarda autour de lui.

Sarah…

Il gravit les marches, sauta entre les bagages éventrés. Dans le vestibule, le verre épars d'un des carreaux de la porte.

— Y'a quelqu'un ?

Pour toute réponse, le silence à peine troublé par le claquement, là-haut, d'une fenêtre.

— Madame Olga !

Il gagna les salles aux portes béantes.

Dans les classes, les chaises en désordre, les cartables abandonnés contre les tables. Le spectacle des choses pêle-mêle. Désemparées.

Léon traversa le réfectoire, emprunta l'escalier de bois jusqu'à l'étage. Dans chaque dortoir, les armoires ouvertes sur le linge en fatras. Au sol, des vêtements en vrac, éparpillées des photos noir et blanc de familles d'avant-guerre.

Dans la chambrée des petits, un chaos identique.

Léon se faufila entre les lits, finit par dénicher l'armoire de Sarah. Au milieu des vêtements empilés, ne manquaient que son ours et ce manteau bleu pâle que lui avait confectionné leur mère.

Léon descendit en courant, traversa à nouveau la salle commune, laissa les classes derrière lui sans se retourner.

Dans la cour, la voiture de Joseph Baradat, le maire du village, accompagné de Victor Magendie, son principal adjoint, et de Pierre Domec, le père de Louis.

Debout sur les marches qui mènent à l'entrée du bâtiment principal, les trois hommes, perplexes, comme égarés au milieu des bagages.

— N'aie pas peur, mon p'tit.

Ce furent les premiers mots du maire.

— On va s'occuper de toi.

Il se tourna vers le père Domec.

— Hein, Pierre. Tu vas le prendre quelque temps. Avec ton Louis, ils sont déjà camarades, non ?

Léon Adler écouta les grands décider de son sort. Réfugié à la ferme, il irait à l'école communale. Par précaution, ils lui changeraient son nom, ce sera plus prudent. Puis, sa tante Elsa qui vit à Montpellier viendra peut-être le chercher. Si les Allemands ne l'ont pas embarquée, elle aussi. Sinon, ils attendront la fin de la guerre, la victoire des Alliés pour le remettre aux nouvelles autorités. Qu'il puisse retrouver les siens et…

— Et les autres, ils sont où ? Sarah, Mina, Madame Olga. Tous les autres.

Pierre Domec s'approcha de lui.

— C'est ma Rose, tu sais, la grande sœur de Louis, qui les a vus. Tous les petits avec les Allemands dans les camions. Sur la route qui file vers Nay, elle était à vélo. Elle a même entendu les gamins chanter à tue-tête.

— Mais ma petite sœur ?

— Sûr qu'elle est avec les autres. Tu vois bien qu'ils ont emmené tout le monde. Mais ne t'inquiète pas, les maîtresses sont avec eux. Et puis, elle risque rien ta petite sœur puisqu'elle chante. Ils ont dû les conduire dans un camp, quelque part. Tu sais, ces temps-ci, les gosses dans ton genre, on fait que les rassembler. Juste savoir où ils sont. Pouvoir les compter, si tu vois…

Léon, les yeux rivés aux graviers de la cour, se figura les petits monter à l'arrière, sous les bâches, imagina Sarah le chercher du regard, son manteau bleu enfilé à la va-vite, son ours en peluche serré contre sa poitrine.

Il leva la tête au ciel, aperçut un petit groupe de mésanges noires. Il se dit, Léon Adler, que s'il était un oiseau, il pourrait suivre le convoi sans en perdre la trace. S'il pouvait voler, il s'agripperait aux boucles rousses de Sarah et l'emmènerait loin, bien loin…

Accompagné du père de Louis, il récupéra ses affaires dans son armoire, insista pour emporter celles de sa sœur. Pour quand on la retrouvera.

C'est une fois dans la voiture, la tempe appuyée contre la vitre, qu'il songea à ses parents. À la promesse faite à sa mère de s'occuper de sa sœur comme d'un petit bijou. De la protéger quoi qu'il se passe. D'être un grand frère, rien d'autre qu'un grand frère.

Enfoncé sur la banquette, il sentit ses épaules s'alourdir. Du haut de ses huit ans, le poids du vide et de l'absence. Au creux du ventre, l'ineffaçable morsure de la culpabilité.

Dans sa gorge, une boule, comme un oiseau captif.

Une tumeur d'existence.

4

Paris, soixante-dix ans plus tard

Gare Montparnasse, premier dimanche des vacances de Pâques.

Face aux maisons de la presse, aux vendeurs de sandwiches, l'alignement des bancs métalliques, des corps compacts, l'un contre l'autre, de voyageurs assis qui s'ignorent du mieux qu'ils peuvent.

Des files impatientes de gens en attente, valises entre les jambes, sac serré contre le flanc. Partout des citadins, des banlieusards, des provinciaux et des enfants aussi auxquels on tient la main. Sur les visages, cette mine étrange des hommes et des femmes en partance ; visages tendus, accrochés au défilement des minutes, alliage d'inquiétude, celle de quitter, et de plaisir, celui de partir.

Venant de tous sens, des pas empressés, des bagages à roulettes. Les jours de grand départ, la gare est une ruche aux convulsions désordonnées.

Sur leurs bancs de fortune, inclinés contre les murs ou bien l'arête verticale d'un lampadaire, les gens scrutent d'immenses écrans suspendus à la charpente d'acier. Rectangles sombres striés de lignes horizontales. À intervalles irréguliers, les lettres disparaissent en un reflux ordonné. Puis elles réapparaissent, s'accordent entre elles, comme dirigées par d'invisibles esprits, avant d'indiquer le matricule des convois, les horaires, les destinations et, fin du suspense, le numéro du quai.

Bordeaux, départ 7 h 47, quai 11.

Aussitôt, les gens informés se ruent en entonnoir, bouchonnent devant la machine à composter. Puis, ils se précipitent sur le quai, tirent leurs bagages sur roues.

Le train ne part que dans dix-neuf minutes.

Samuel Adler se dit que cette course de chars est un peu ridicule, et choisit de laisser la foule à son illusion de prendre de l'avance. Puis, une fois le bouchon dissipé, il replie le journal dont il survolait les gros titres, lève les fesses du banc, arrime son sac de sport à l'épaule, enfin prend soin de composter avant de s'engager sur le quai.

Dans la vitre d'un panneau publicitaire, il surprend son propre reflet. Des épaules carrées sous une veste trop juste, un gilet aux boutons de bois lui boudine l'aine, les côtes épaisses du pantalon de velours font pli sur des mocassins vernis à la va-vite.

Samuel Adler sait que cette silhouette n'est pas faite pour accrocher le regard des femmes. Ça n'est pas faute de tentatives, mais dès ses premières approches, il dut se rendre à l'évidence : les jeunes filles qu'ils croisaient demeuraient dans l'attente d'un homme diamétralement opposé à ce qu'il était. Être érudit et enrobé de gentillesse ne suffisait pas. Il fallait aussi être séducteur, provocateur de rêves, même modestes. Et lui, avec son allure de rat de bibliothèque des années cinquante, était loin de pouvoir remplir le contrat de son époque. Un peu comme s'il venait d'un autre temps – c'est ce qu'il lui arrivait d'ailleurs de penser – comme s'il avait dû remplacer son père, après la guerre, en mal de jeunesse, et qu'il en était resté là. En somme à quai du train de l'existence…

Avec le temps, il s'est résolu à cette absence de compagne. Un presque renoncement. Parfois, il a tenté une approche de plus, un sourire, une phrase malhabile. N'a jamais su vraiment. Jamais pu. S'est finalement résigné.

Il progresse sur le quai, évite les bagages qui traînent, les silhouettes enlacées de ceux qui s'embrassent.

À Bordeaux, le train se scinde en deux. Une partie vers Hendaye et la frontière espagnole, l'autre vers Pau, Lourdes, Tarbes et sa cuvette surchauffée.

Par prudence, il consulte son billet. La voiture 3 se situe à l'avant du train, là où le toit de poutrelles et de verre qui surplombe les quais laisse enfin place au ciel.

Entre l'aluminium anodisé des accoudoirs, les gens se sont installés. Romans ouverts, journaux dépliés, ordinateurs en recherche de réseau ou, plus simplement, une tempe contre la vitre à tenter de retrouver trace de la nuit quittée trop tôt.

Samuel Adler s'excuse, fait se lever la dame du 77. Il coince le sac entre ses jambes, baisse la tablette. Il pose son journal, ouvre le livre entamé la veille. Un roman de Duras, *La douleur*. Une chronique intérieure aux paysages dévastés. Un pays qu'on achève, l'Allemagne ; des portes qui s'ouvrent sur l'horreur des camps, le pardon à apprendre, l'impossibilité de l'oubli…

Il sait que de ce renvoi à l'histoire des siens, il ne sortira pas indemne. Ça n'est pas la première fois.

L'aventure familiale est devenue une histoire encombrante. Faite de héros, de martyrs, de rares survivants. Embarrassante parce qu'elle prend toute la place, comme un grand corps dans un petit lit à partager.

Il arrive souvent que le *la* de l'existence soit donné par la vie des autres. Par l'exemplarité de ceux qui nous ont précédés. Mais pour Samuel Adler, c'est la mort des autres qui a donné le ton. Le rythme accablant des cœurs arrêtés.

Il regarde sa montre, vérifie sur son billet. Le train arrivera en gare de Pau à treize heures quarante-quatre.

5

Pau, dimanche, huit heures dix

De la cuisine, Annah distingue les lignes anguleuses de la mosquée, les murs pastel, les fenêtres à l'étage masquées de volets blancs.

Sur le trottoir, des hommes en djellaba discutent en marchant, certains ont déjà le nez au ciel, d'autres descendent du bus, semblent pensifs, la tête acquise aux versets du Coran.

Annah Adler ne pratique plus depuis longtemps.

Non que les textes appris par cœur l'aient quittée. Loin de là, c'est juste qu'en elle ils se sont essoufflés. Ont perdu de leur force, l'ont peu à peu abandonnée.

À moins que ce ne soit elle qui ait mis de la distance.

La synagogue n'est plus que souvenirs, les six-cent treize commandements de la Torah, une interminable suite d'interdictions qu'elle se récite parfois à voix basse. Librement.

La foi d'Annah Adler se résume en ce tête-à-tête secret avec le ciel. Irrégulier. Maintenant, elle se tient à distance de la foule, éloignée le plus possible des mains qui claquent, des bouches qui s'ouvrent sur des chants qui émeuvent et donnent aux jambes de certains l'envie de danser.

Le premier dimanche des vacances scolaires, elle prend soin de se lever tôt. Abandonne, au creux du lit, son vieux Léon aux songes abyssaux qui l'habitent.

Dans la salle d'eau attenante, elle mêle les gris de ses cheveux en une boule nouée contre la nuque. Puis elle s'éloigne de la chambre et gagne la cuisine et les lumières du jour qui s'installe.

Bientôt, dans une poêle, le frémissement des œufs brouillés. Sur la nappe blanche, les tomates, les concombres, quelques oignons confits en fines lamelles. Disposées sur des plateaux ronds en bois d'olivier, de petites coupelles garnies de fromage, de thon en miettes, d'olives vertes et de crème de sésame. Dans une corbeille, une dizaine d'oranges attendent d'être pressées.

Les quarts d'heure s'enchaînent, et les mains d'Annah se dévouent à la préparation des *rugelach* fourrées au chocolat et à la noisette. L'eau chaude imprègne le café moulu et, dans la maison tout entière, se dispersent les senteurs des petits-déjeuners d'Israël.

Une ode parfumée à savourer tout au long du jour.

Vers dix heures trente, elle percevra le pas discret de Léon dans le couloir.

Comme chaque matin, il posera ses lèvres fraîches sur ses joues, s'emparera d'une grande tasse, la remplira de café noir.

Sur une tranche de pain, il étalera le fromage de brebis. Puis il s'installera sur le fauteuil en osier dont l'écorce noisette craque et se déchire sous les ans.

Les heures s'écouleront alors au rythme des gestes précis d'Annah. Bruissement bouillonnant de la friture des falafels, alignements des feuilles de vigne farcies, fragrance tenace de la coriandre.

Pour Annah, l'arrivée du fils est un vrai jour de fête. Une parcelle de temps qu'il ne faudra gâcher sous aucun prétexte. Alors, elle oubliera le silence de son homme. Ce mutisme qui s'est emparé de lui depuis bientôt cinq ans.

Depuis cette fichue promenade de juillet, Léon n'a pas retrouvé l'usage de la parole.

Rondes sans fin des médecins, des spécialistes, des psychiatres. Examens, professeurs, bilans approfondis, radios, scanners, études des fonctions cérébrales. Toute la panoplie des investigations y est passée, et le mutisme de Léon s'est obstiné à garder son mystère. Jusqu'au jour où un professeur des Hôpitaux de Paris prit la peine de recevoir Annah et de lui dire, sans précaution aucune, que son mari n'était pas malade au sens commun du terme. Non, pour une raison inconnue, il avait simplement décidé de se taire.

Comme chaque matin, quand la température le permet, Léon Adler, installé sur la terrasse, ne quitte pas la montagne des yeux.

Retiré du monde.

Aux gestes d'Annah, à ses préparations minutieuses et enlevées, Léon restera étranger. Loin, comme on est en exil.

À peine plissera-t-il le front, peu après quatorze heures, au grincement du portail, aux pas du fils dans l'allée qui mène au perron.

*

Dès les premières vibrations ferroviaires, Samuel songe aux mètres franchis, aux lignes droites vouées à la grande vitesse et qui, sans qu'il y prenne garde, le précipitent vers le grand sud. Il sourit à l'évocation silencieuse de sa mère, levée tôt, il le sait, qui traverse la matinée au rythme d'un compte à rebours. Une mesure des heures qu'elle aime dénombrer avant qu'il ne sonne à la porte et lui offre son sourire de voyageur.

Il l'imagine, cette mère, occupant la cuisine, virevoltant comme une vieille danseuse.

Après les ultimes faubourgs, la traversée des tunnels cadence les voitures de parenthèses assombries.

Samuel imagine son père, assis face à la vitre de la cuisine, ou mieux encore sur la terrasse, les yeux rivés à l'horizon.

Samuel connaît le silence de cette bouche close. Celui des mots emmurés.

Parfois, il aimerait le secouer, ce père, lui hurler au visage. Qu'il dise enfin son chagrin, dévoile sa douleur extrême. Qu'il cesse une bonne fois pour toutes de lui pomper l'air, la lumière. De lui saper l'envie dès choses.

Ou bien qu'il se décide à mourir. À se remplir les poches de pierres lourdes, et s'enfoncer à pas lents dans les flots enveloppants d'une rivière…

Et ce désir inavouable lui crève le ventre. Lui fait se dire qu'il n'est pas un bon fils.

La banlieue sud défile en accéléré. Aux zones de solitudes verticales, succèdent les pavillons de la classe moyenne puis, blottis en contrebas des voies ferrées, les jardins ouvriers. Rectangles de patiences laborieuses, espaces protégés du temps qui déçoit.

Les gris du ciel s'ouvrent peu à peu. Le train semble redécouvrir la campagne. Bientôt, de la plaine aux brumes ondulantes surgiront des paysages d'aujourd'hui parsemés du carbone blanc et acier des éoliennes.

Samuel ouvre le livre de Duras, tente d'aplatir la page cornée la veille. Son regard se saisit des premiers mots, des premières phrases.

En quelques mots, embarqué, si loin déjà du père. De son silence.

6

Dimanche

Quand il a posé un pied sur le quai, à treize heures quarante-quatre, le ciel de Pau lui a fait regretter l'oubli de son parapluie.

À quatorze heures vingt, descente du bus à hauteur de la mosquée.

Sous l'abri Decaux, sa mère, pépin grand ouvert.

— J'étais sûre que tu l'avais oublié. Allez, viens, mon grand…

Dès l'entrée, les parfums. Le pain chaud sorti du four, les poivrons marinés, l'omelette aux herbes, les tomates en petits cubes…

Sa mère, petite, sur la pointe des pieds, lui frictionne le cou.

— C'est pour toi, mon fils. Pour nous. Pour ton retour.

— Pas mon retour, maman, mon séjour…

— Et alors, c'est pareil ! Dans trois ans, c'est la retraite, pas vrai ? Ne me dis pas que tu vas rester là-haut, tout seul dans ton petit appartement. Une vie sous les nuages gris de Paris ? Tu rigoles, ou quoi ? Ici, tu as ta chambre, Samuel. Toute la maison, même. Et nous, on est là, non ? Alors, ne l'oublie pas. En vieillissant, tu sais, on risque d'avoir besoin de toi. Alors, tu vois, séjour, retour, c'est juste une question de temps. Mais assis-toi, là, près de ton père. On t'attendait, tu sais…

Elle s'est mise à tournoyer, étourdissante, de la gazinière au buffet. Elle a ri aux éclats, apostrophé son fils.

— Et devine à quelle heure elle s'est levée, ta mère ? Allez, mon grand, devine…

Léon a quitté son fauteuil.

— Six heures trente, mon grand. Six heures trente, tu imagines !

Léon s'est approché de l'évier.

— Tu connais ton père. Pas question de passer à table sans l'ablution des mains.

Puis Annah s'est arrosé les mains à son tour. En se tournant vers la table, sa bouche a murmuré les bénédictions.

… le fruit de l'arbre… le fruit de la terre… les différentes nourritures… sortir le pain de la terre… par la parole duquel tout est créé…

Samuel a répété du bout des lèvres.

Son père a posé une main sur son bras, puis a plissé les yeux.

Le repas a duré jusqu'au soir.

*

Trois décennies de visites fragmentées. Trente ans, oui depuis oui trente ans les vacances se nichent au creux de la maison familiale. En toutes saisons.

La chambre du petit Samuel Adler s'est peu à peu muée en pièce pour adulte en visite. Un lit plus large, une couverture aux teintes brunes, la lampe de chevet à l'effigie du Che remplacée par une applique murale. Aux murs, le papier orange a laissé place à des rayures grises et bleues. Seuls les portraits de Piccoli, Romy Schneider et Montand, rappellent le temps où Samuel se délectait du cinéma de Claude Sautet. Des films aux couleurs des villes, du temps où l'inquiétude gagnait les classes moyennes supérieures. Derrière les vitres des bars enfumés pointaient les drames annoncés, chômage, déclassement des hommes anxieux, regards cernés des femmes qui les quittent…

Le vieux Léon vient d'éteindre la télé.

De son lit, Samuel suit le pas traînant de son père qui gagne le bout du couloir.

Au travers des persiennes ajourées, s'invite la lueur dorée d'un lampadaire. D'abord sur le parquet flottant, puis gagnant le gilet posé sur la chaise, grimpant enfin jusqu'au couvre-lit, d'étranges lignes noires et jaunes. Parallèles, sombres et claires que Samuel ne quitte pas des yeux.

Il se redresse, se cale un oreiller entre les épaules, puis croise les doigts contre la nuque.

Oranges et obscurs, des rais comme le corps pulpeux des guêpes.

Avant de s'endormir, Samuel Adler, instituteur dans le onzième arrondissement, en bordure du Père-Lachaise, aime faire des inventaires.

Ce soir, le bilan sera jaune vif pour la journée, gris pour les années écoulées. Pour celles à venir, il n'a pas encore choisi la couleur.

*

Samuel sait que le sommeil aura du mal à le saisir.

Quand il est à Paris, c'est différent. Le bruissement des jardins publics, les klaxons, les vendeurs des marchés matinaux, toute cette symphonie urbaine parvient à gommer le mutisme paternel. À effacer cette insupportable absence de phrases.

À Paris, quand il ferme les yeux, souvent, c'est le sommeil qui gagne. Qui gomme.

Souvent, mais pas toujours.

Certaines fins de soirées, quand il pose son stylo rouge près du paquet de copies, il imagine le claquement que produiraient sur le carrelage les talons d'une femme. Il ferme les yeux, se fait le film d'une silhouette glissant de la cuisine à la chambre, entend jaillir le rire d'une bouche, devine, au travers d'un corsage, des seins tendus pour y poser les mains, les joues…

Face au vide de l'appartement, il lui arrive alors d'ouvrir le placard sur quelques bouteilles de bordeaux.

Jusque tard dans la nuit, il vide les verres à mesure qu'il les emplit. Au fil des heures, dans le noir zébré des grandes villes, il se laisse envahir par l'onde dévastatrice. Un chagrin qu'il cultive depuis l'origine de sa vie. Il en a la mémoire. N'est pas sûr qu'elle soit sienne.

La tristesse dans le vin jusqu'à l'aube.

Premier soir à l'affût des bruits de la maison familiale. Cette bande-son du film de leurs vies qu'il se doit de reconnaître, d'identifier jusqu'au moindre détail pour que les retrouvailles soient enfin consommées. Rituel.

À chaque fois qu'il revient.

Le grincement du matelas dans la chambre du fond sous le corps du père allongé, les vibrations électriques du réfrigérateur, le frottement d'un chat voisin contre la vitre de sa chambre, et la voix de sa mère, au bout du couloir, qui reste sans réponse.

Vers une heure, Samuel se tournera vers la gauche, le corps en chien de fusil. Il enroulera la couverture de laine sombre autour de son épaule, puis fermera les yeux.

Jusqu'au matin, dans l'ancienne chambre d'enfant. Fragile rempart contre le monde.

7

Lundi matin

De sous les draps, les bruissements de la maison lui parviennent inchangés.

Dans la cuisine, l'eau de la cafetière grésille et creuse son sillon dans le café moulu, les charnières du buffet ne cessent de grincer, les tasses s'entrechoquent sur un plateau d'argent. Sur le carrelage, le glissement des chaussons de sa mère.

Samuel se fait plus attentif encore, jusqu'à percevoir les mots chantants de Piaf, d'Aznavour ou de Monsieur Luis. Les bribes d'un temps qu'Annah Adler aime à se remémorer. Emplir la cuisine de musiques oubliées...

Qu'il soit ici ou à Paris, du creux de son lit, Samuel imagine le dos légèrement courbé de sa mère, ses cheveux ramenés contre la nuque, les pattes d'oie, aussi, autour des yeux dépourvus de maquillage. À peine levée, il la devine, robe de chambre nouée sur une chemise de nuit sans âge, à commencer le tourbillon sans fin de sa journée.

Les mères, songe Samuel, transportent sur leurs épaules les mondes sonores de notre enfance. Les images aussi mouvantes mais curieusement comme figées. Telle une succession d'immuables photos en noir et blanc. Un film du cinéma muet qui passerait en boucle.

De son ancienne chambre d'enfant, il lui suffit de prêter l'oreille aux mouvements matinaux, aux rondes des pas autour de la table, aux doigts s'affairant au-dessus de l'évier puis, vieille rengaine, aux premiers mots de la journée. Depuis cinquante ans, rien ne s'est ajouté à ce tableau, si ce n'est, à peine perceptibles, les signes d'une hésitation. Un manque d'assurance qui gagne peu à peu l'allure, les mains, fait parfois trembloter les esprits…

Lointaine, la sonnerie du téléphone, amortie au travers des portes successives.

La voix d'Annah, le silence qui suit.

Quelques secondes.

Un cri d'exclamation.

De stupeur, peut-être.

Annah n'a pas hurlé, non, ce n'est pas ce qu'il a entendu. Une inflexion aiguë, c'est sûr. Brève tel un coup de sifflet.

Puis elle a posé le combiné, s'est précipitée dans sa chambre.

On aurait dit un gémissement. Soudain et vif comme d'une blessure.

Samuel se dit qu'il devrait aller voir ce qui se passe. Peut-être sa mère s'est-elle cognée à l'angle assassin du buffet, ou superficiellement brûlé la main au frôlement de la gazinière.

Mais il l'a entendue abandonner la cuisine sans attendre, se jeter dans le corridor, courir presque jusqu'à la chambre. Dans le couloir, sa voix égarée a imploré le ciel, supplié qu'on les épargne. Elle criait presque en marchant comme une folle.

Cette perte de contrôle, panique brutale, impossible à endiguer, Samuel l'a trop souvent observée. Subie. Il ne veut plus en être spectateur. Jamais. Sa mère, en quelques secondes, comme une rivière par-dessus les berges. Sa mère qu'il ne reconnaît plus, son visage déformé par l'hystérie en marche. Sa mère qu'il craint soudain plus que tout. Dont il veut éviter la morsure.

Jamais plus…

Il la devine, dans sa chambre, enfiler sa robe de la veille, jeter sur ses épaules le premier manteau venu. Sur le carrelage, il perçoit le son mat des bottines de cuir, le tintement des clefs, et la porte qui claque. Crissement des graviers, grincement du portail.

Samuel se lève.

Il va se servir un grand bol de café noir et attendre. Laisser à son cœur le temps de se calmer, à sa mère celui de revenir.

Il regarde les tasses abandonnées, le torchon roulé en boule, le grille-pain et les tartines brûlées.

Depuis qu'il est petit garçon, Samuel craint les champs de bataille.

*

Au couinement de la grille, il jette un œil à l'horloge du four. Trente-quatre minutes d'absence. Le temps pour elle, c'est ce qu'il suppose, d'un aller-retour aux premières boutiques du quartier Berlioz.

Trente-quatre minutes qu'il a les yeux rivés au fil du téléphone qu'elle a pris soin de débrancher avant de partir.

Annah referme la porte en évitant de faire claquer l'huisserie.

Quand elle apparaît, aux rougeurs de ses joues, Samuel se dit qu'elle a dû courir. Braver l'air frais du matin, le menton rentré, le regard collé au bitume.

— Maman…

D'un doigt porté aux lèvres, elle l'invite au calme.

— Chut… Et surtout ne réveille pas ton père. Qu'il dorme le plus longtemps possible. J'ai débranché le téléphone. Avec ce qui arrive, ça ne va pas arrêter de la journée…

Elle dénoue son manteau, dévoile le journal plaqué contre son ventre. Elle pose *La République* sur la table, tire à elle un tabouret, s'assoit comme on s'affaisse.

— C'est terrible, Samuel. Terrible. Je voudrais tant qu'il ne se réveille pas.

Elle se penche vers la table.

— Lis. Tu vas comprendre…

Samuel pose les coudes sur la nappe, découvre les gros titres de la première page.

LES ENFANTS DE LA CROIX DES HAUTEURS, SOIXANTE-DIX ANS APRÈS

René Ferrer : le délateur enfin confondu.

Il avait livré aux Allemands les enfants de *La Colonie*

8

Dix heures

Samuel et Annah ne bougent pas de la cuisine.

Tour à tour se penchent sur les colonnes étalées. Une enquête détaillée sur deux pleines pages.

À la première lecture, Samuel ne s'attache qu'aux éléments essentiels. Aux moments clés de l'affaire.

Une sacoche de peau qu'on retrouve près de soixante-dix ans après la guerre, entre les murs d'une ferme égarée, là-haut, au beau milieu des Ardennes belges.

Au sein des plis de cuir usé, parmi les notes germaniques, le carnet de bord d'un commandant SS, un certain Friedrich Sommer. À la fin du journal méticuleusement tenu, une page datée de décembre 1944, brouillon d'une lettre que l'officier allemand écrivait à sa femme, et qu'il n'a pas eu le temps de lui faire parvenir.

Il faut dire qu'à ce moment précis du conflit, l'Allemagne est en fuite éperdue, à genoux, se débattant encore avant le coup de grâce.

Entre les exploits et les regrets que l'officier exprime, la crainte évoquée de ne pas revoir son fils de neuf ans. Suivent quelques mots sur les villes allemandes qu'il sait réduites en cendres, sur la défaite qui s'annonce, la honte aussi qui va s'abattre sur le pays, se répandre dans la conscience de chacun comme une épidémie.

Puis, nichées en bas de page, quelques phrases sur les enfants de La Croix des Hauteurs. L'évocation, en deux ou trois lignes, de ce René Ferrer sans qui la prise n'aurait pas été possible.

L'allusion au jeune barman pétainiste est sans appel…

Annah découvre en même temps que son fils.

— Tu crois que c'est vrai ?

Samuel a pris quelques lignes d'avance.

— On n'a qu'à lire, maman. Comment tu veux que je sache ? On verra bien…

Le rédacteur de l'article rappelle que dans les Ardennes belges on déchiffre l'allemand sans trébucher.

La lettre de Sommer, après d'innombrables analyses, a fini par être authentifiée. Une certification rendue indiscutable par l'approbation des mains les plus expertes.

Puis suit un long portrait de ce René Ferrer. Un tableau de sa vie agencé autour de deux clichés en noir et blanc. La photo d'un homme jeune, posant à une terrasse, visage fin au sourire étrange, à la fois moqueur et, c'est ce que ressent Samuel, porteur d'une éternelle insouciance. Le second cliché montre Ferrer adossé au mur d'une maison. Les cheveux ont disparu, les rides et l'embonpoint ont façonné les traits. Sur le sourire du vieil homme, un soupçon de bravoure passée.

Annah et son fils suivent l'existence du jeune sympathisant de la cause pétainiste. Ils découvrent qu'en 1944, il se fait embaucher comme serveur à l'Hôtel Central de Lestelle-Bétharram, dans les Basses-Pyrénées. Il a alors vingt-trois ans. Il est précisé que Ferrer est admirateur du Maréchal et ne fait pas secret de ses opinions. Comme la plupart des habitants du bourg, il connaît l'existence de *La Colonie* de La Croix des Hauteurs.

Des petits Juifs venus de l'Europe entière ont trouvé refuge là-haut, dans une bâtisse de pierres, sous la responsabilité de quelques accompagnatrices, Juives elles aussi. Le soir tombé, aux mots vibrants que René clame par-dessus les bouteilles vides, on sait qu'il est nationaliste, cocardier, chauvin, anti-communiste. Un rien antisémite, parce que c'est dans l'air du temps.

Le reportage ne manque pas de rappeler que quelques jours après l'enlèvement des enfants par les Allemands, René Ferrer a quitté son emploi et a disparu.

Les gens du bourg qui vivent encore aujourd'hui se souviennent de son départ. Quarante-huit heures après la rafle de la Croix des Hauteurs, il a pris l'autobus pour Pau et on n'a plus jamais entendu parler de lui.

Après la Libération, le journaliste évoque l'achat d'un bar dans la région de Bordeaux. Une vie de comptoir, de jambon-beurre, de paris hasardeux sur les chevaux de la télé en noir et blanc.

En 1955, Ferrer épouse une Solange de vingt ans qui, trois années plus tard, leur donne une fille, Marie.

En 1987, un cancer du poumon emporte Solange et ses cartouches de Lucky Strike. Le bar s'offre la télé grand écran, et René Ferrer pousse sa carrière jusqu'au-delà des soixante-dix ans.

Une fois l'affaire vendue, jusqu'en 2012, il passera des jours tranquilles dans une petite maison de la banlieue bordelaise.

À quatre-vingt-onze ans, René Ferrer laisse son cancer du foie gagner la dernière manche. Les couches de boissons anisées, conclut l'article, ont enfin eu raison de lui. Le vendredi 9 novembre, il retrouve Solange dans le petit caveau de famille au cimetière de Pessac, en Gironde, d'où son épouse était originaire.

René Ferrer aura survécu soixante-huit ans aux enfants de La Croix des Hauteurs.

Il n'a jamais été inquiété.

9

Le vidage bruyant de la chasse d'eau, suivi du claquement d'une porte, puis du glissement des pas dans le couloir.

Annah replie le journal.

— Je préfère que ton père reste loin de tout ça.

Elle se lève, ouvre un tiroir.

— Je ne suis pas sûr, maman…

Il n'a jamais osé la contrarier.

— Écoute, Samuel, n'insiste pas, je connais ton père mieux que personne. Alors…

Dans le couloir, les pas se rapprochent.

Au ton de sa mère, Samuel comprend que l'heure n'est pas à la contestation. Mais c'est plus fort que lui. D'habitude, il se tait, lui laisse le dernier mot. Mais là…

— Franchement, je crois plutôt qu'il doit savoir.

La porte du couloir va s'ouvrir.

Annah se tourne vers son fils.

— Nous en parlerons plus tard. C'est tout.

La porte s'ouvre. Léon Adler esquisse un sourire.

Annah n'a pas eu le temps de dissimuler *La République*.

Aux mâchoires crispées de sa femme, Léon perçoit une tension.

Il note que son fils reste assis. Près de lui, un journal.

Annah s'empare de la cafetière.

— Assis-toi, Léon. Je vais te servir ton café.

Puis, elle ajoute.

— Tout va bien, tu sais.

Léon tire une chaise à lui. Il se dit qu'au contraire, rien n'est comme d'habitude. Sa femme est tendue comme un arc, Samuel lui, semble prêt à exploser, et ce journal replié sur un coin de la table. C'est bien la première fois qu'on lit les nouvelles du jour, dans cette maison…

Samuel ouvre la bouche.

— En fait, je ne suis pas sûr que tout aille bien, papa.

Annah serre les lèvres. Elle se rapproche de la fenêtre, voudrait tant être ailleurs.

Samuel glisse le journal vers son père.

Léon Adler extirpe ses lunettes de la poche supérieure de son pyjama. Il pose les yeux sur les titres en caractères gras. Il entrouvre la bouche, plusieurs fois.

Samuel regarde son père, lui trouve un air de vieux poisson en mal d'oxygène.

— Lis la suite, si tu veux. C'est une enquête complète...

Léon Adler se lève, emporte *La République* et son café. Il sort de la cuisine et regagne la chambre du fond.

— Tu es content de toi ?

Annah décroche de la fenêtre, avance vers son fils.

Samuel n'a jamais osé braver le regard noir de sa mère. Mais aujourd'hui, tout semble différent.

— En tout cas, plus satisfait que si on ne lui avait rien dit. J'en ai marre, moi, du silence. Marre !

Il s'étonne du ton de sa propre voix. De sa hardiesse, aussi.

— Et pas que de celui de papa. Vraiment, je n'en peux plus de te voir faire semblant de faire semblant. Comme si tout allait bien. Ça ne fait je ne sais plus combien d'années qu'il n'a pas dit un mot. T'en as pas marre toi ? Tu comptes supporter ça encore longtemps ?

Elle n'a pas le temps de répondre.

— Tu préfères peut-être le silence. Ne pas savoir, c'est ça ?

Toujours pas de réaction.

— Moi, j'ai envie de connaître la vérité. Le mutisme soudain de papa, il a bien une raison, non ? C'est pour ça que je lui ai proposé le journal. Pour le bousculer. Qu'il réagisse enfin. Et puis, qu'on sache. Surtout, qu'on sache…

Annah choisit l'évitement. La confrontation avec son fils, elle n'en connaît pas les règles. Jamais eu l'occasion de les apprendre. Aussi, elle préfère la diversion. Pour le reste, on verra plus tard.

Du bout des doigts, elle écarte le rideau blanc de la fenêtre côté rue.

— Viens plutôt voir. Je crois bien qu'aujourd'hui, ils ne vont pas nous lâcher.

À cheval sur le trottoir, les voitures des journalistes. Les zooms dépassent des vitres baissées, sur le bitume, adossés aux ailes et aux pare-chocs, des caméras et des micros.

*

Quatorze heures

Au quinzième coup de sonnette, Annah demande à son fils s'il peut faire quelque chose.

— S'il te plaît, mon grand. Tu n'as qu'à sortir et leur dire de fiche le camp.

Samuel juge inutile de lui préciser que les journalistes, ça ne lâche pas le morceau comme ça. Après tout, Léon Adler, c'est le rescapé de l'histoire. Le miraculé, le survivant, l'unique témoin de *La Colonie* de La Croix des Hauteurs. Qui d'autre à interroger ? Sans compter les décennies à se demander qui a pu donner les gosses aux Allemands. Des années de recherches, d'investigations et d'enquêtes. Les radios, la télévision, tout le monde s'est intéressé à cette affaire. Tous les médias, sans exception. Et puis, aujourd'hui, après soixante-dix ans de mystère, la vérité au grand jour. La vérité et son coupable…

Alors, la paix, songe Samuel, ils ne sont pas près de l'avoir. Du moins, tant que le père ne sera pas sorti de son silence.

Samuel descend à la cave, débranche le fusible qui alimente la sonnette.

Un bricolage de paix provisoire.

*

Seize heures vingt

Léon Adler n'a pas bougé de la journée. Assis, face au petit secrétaire de la chambre, il a déplié le journal, n'a plus quitté l'article des yeux. Il a lu et relu le déroulé de l'enquête, s'est accroché à la photographie du jeune René Ferrer. Une tête qui lui dit quelque chose. Il n'avait pas pensé à lui. Tout ça est tellement loin.

Annah s'est installée dans le salon. Au creux d'un profond fauteuil de tissu, elle tente de s'occuper l'esprit, passe d'une revue à l'autre.

Samuel, allongé sur son lit, s'est immergé dans les déchirements de Marguerite Duras.

Quand on frappe au carreau dépoli de la porte, Annah sort de son assoupissement. Elle se lève. Dans l'entrée, elle devine la silhouette derrière la vitre, se dit que pourtant le portail est verrouillé. La personne derrière la porte, pour arriver jusqu'en haut des marches, a dû escalader la grille. Comme un voleur…

Elle ouvre d'un geste vif.

Devant elle, une femme d'une cinquantaine d'années.

Pas le temps de s'arrêter aux boucles tirant sur le roux, aux lèvres discrètement maquillées.

— Vous êtes entrée comment ?

— Je sais, j'ai dû…

— Pas d'excuse. Vous sortez d'ici comme vous êtes venue, ou j'appelle la police.

Le claquement de la porte fait vibrer les bibelots de l'entrée.

Dehors, les pas de la femme dans l'escalier. Et sa voix dans le jardin.

— J'suis pas journaliste. Je m'appelle Marie. Je reviendrai.

10

Dix-neuf heures trente

À l'heure des infos régionales, Léon Adler est sorti de sa chambre.

Devant l'écran, il a juste posé les mains sur ses genoux. Face à lui, ont défilé les images d'archives, la Croix des Hauteurs, les portraits – petits comme des timbres – des enfants disparus. Ont suivi les montagnes assombries, l'uniforme noir de Friedrich Sommer, enfin le visage de René Ferrer. Léon s'est même reconnu, filmé de loin, lors d'une lointaine commémoration.

À l'apparition du générique, il s'est levé. Quelques pas dans la cuisine à disposer des pâtisseries sur un plateau. Puis le frottement de ses chaussons jusqu'à la chambre.

Samuel s'est levé à son tour.

— Il faut que je prenne l'air.

Annah n'a pas quitté la fenêtre de l'après-midi.

— Ils sont toujours là, tu sais, à attendre qu'on sorte. Des rapaces, de vrais charognards. Incroyable !

Samuel boutonne son gilet.

— De toute façon, je n'ai rien à leur dire.

La porte claque dans son dos.

Samuel descend les marches qui mènent au jardinet. Comme une brûlure contre la nuque, le regard de sa mère. Cette attention obsédante, il s'en souvient encore, quand il s'éloignait d'elle en trottinant sur les plages du Nord…

À l'approche du portail, il les voit s'agiter autour des voitures. Le temps de refermer derrière lui, de s'assurer du verrouillage, un photographe s'approche, suivi d'une jeune femme, micro à la main.

Lui, reste sur le trottoir, accélère le pas en direction de la mosquée.

D'autres gens avancent vers lui, l'entourent bientôt. Puis les questions sur la nouvelle du jour, la réaction de son père, la force de la vérité, le poids du passé.

— Bon, ça va ! Laissez-nous, bon sang ! Ce qu'on veut, c'est qu'on nous fiche la paix. C'est pas compliqué, non, la paix ?

Samuel se rend compte qu'il est filmé, que sa tête, son expression, le moindre détail passera au journal du soir. Il pense à sa mère, à ce qu'elle ne manquera pas de dire. Il serre un peu les poings, ralentit le pas, finit même par s'arrêter.

Changer de registre. Les prendre par les sentiments.

Il cherche la caméra, se rend compte qu'il y en a deux. Il prend son souffle, fixe l'embout sombre d'un des objectifs.

— Je ne peux pas parler à la place de mes parents. Il faut comprendre. Ils sont sous le choc. Surtout mon père. Vous imaginez ! Aussi, il faut les laisser tranquilles. Ils s'exprimeront, c'est sûr, dans quelques jours. Moi, j'ai juste besoin de prendre l'air. C'est tout.

Il s'extrait de l'attroupement, fait quelques pas.

Les autres ne décollent pas, les questions fusent, sur l'enfance, la guerre, la douleur qui ne passe pas…

Samuel sait qu'il doit éviter de s'énerver. Il a tellement peu l'habitude de sortir de ses gonds que le dérapage incontrôlé deviendrait alors inévitable.

Ces troubles précurseurs, depuis longtemps, il sait en déceler les signes. tremblement de la lèvre inférieure, phrases éjectées en bousculade, voix qui se fait forte, trop forte et qui finit par proférer des mots dénués de sens. Un discours d'égaré, quasi inaudible aux tonalités irrégulières et folles.

Aussi laisse-t-il brusquement la mosquée sur sa gauche, s'engage à droite dans l'avenue des Lilas.

Les micros se tendent et le poursuivent, lui frôlent le visage. Les questions se répètent, les pas autour de lui se multiplient. Il sait que ça va péter, qu'il va gueuler un bon coup, rougir, sentir ses yeux gonfler, et que tout ça n'est pas bon.

Sur sa gauche, une voiture qu'il n'a pas vue arriver colle les roues au trottoir. La portière s'ouvre sur le bras tendu d'une femme. La cinquantaine, penchée vers l'extérieur.

— Montez, Samuel, je vous sors de là.

Il hésite.

— Vous êtes qui ?

— Marie.

Elle hésite. Baisse d'un ton.

— Marie Ferrer.

Il s'arrête de marcher, la bouche entrouverte.

— La fille de qui vous savez… Allez, montez.

Les journalistes se pressent autour de la voiture.

— Comment vous connaissez mon prénom ?

— Avec *La Rep* de ce matin, pas difficile. Et puis, je suis venue exprès de Bordeaux. Je vous attendais. Enfin, j'attendais que vous sortiez de chez vos parents. Et puis, j'suis la fille Ferrer, quand même !

Samuel semble un peu KO. Abasourdi.

D'un léger mouvement du pied, elle fait ronfler le moteur.

— Montez, parce qu'à mon avis, ils ne vous lâcheront pas.

Samuel s'installe sur le siège usé de la Clio.

— Et on fait quoi, maintenant ?

Elle démarre en trombe, fait gicler les gravillons dans la fumée noire. Au milieu de la route, s'éloignant dans le rétroviseur, les bras ballants des journalistes.

— Il faut qu'on parle.

Envie de lui préciser qu'il n'a rien à lui dire.

Au bout de l'avenue, le feu est au rouge.

— Ça vous va, un tour dans la campagne ?

Lui dire qu'il s'en fout. Qu'il désirait juste marcher au calme, et certainement pas parler avec la fille de qui il sait.

Elle enclenche la première, hésite et file à gauche sur l'avenue Copernic.

Elle baisse un peu la vitre, se fiche une blonde entre les lèvres.

— Ça vous dérange ?

Il n'a jamais fumé mais adore l'odeur de la clope qui grille...

Elle lui tend le paquet chiffonné.

— Vous fumez ?

Il lui dit juste non, mais que la fumée ne le dérange pas.

Au feu suivant, elle hésite à nouveau.

— Prenez sur la droite.

Avenue de Buros et les premiers buissons herbagés. Il pointe le doigt vers la vitre.

— Vous allez enjamber l'autoroute. Juste après, sur la gauche, il y a un petit chemin dans les bois. J'aime bien ce coin.

À manière qu'elle a, nerveuse, de balancer par la vitre sa cigarette à peine entamée, il mesure toute la nervosité de sa conductrice. Il se dit aussi qu'il va lui falloir être vigilant. Se laisser embarquer comme un auto-stoppeur, passe encore, mais c'est aux mots qu'il faudra faire attention. Surveiller chaque phrase, ne pas se laisser déborder, influencer. Simplement garder le contrôle.

— Avec les pères qu'on a, je trouve que c'est bien qu'on parle. Non ?

Pour Samuel, impossible de laisser passer sans broncher.

— Qu'est-ce que vous connaissez de mon père ? Hein ? Vous ne l'avez jamais vu, alors qu'est-ce qui vous permet d'en parler comme ça ?

Elle se mord la lèvre inférieure, se dit qu'elle est maladroite. Elle se foutrait des baffes.

— Excusez-moi. J'ai tellement envie de convaincre que je parle toujours trop vite. C'est tout moi…

Après le pont sur l'autoroute, déjà les champs et les talus herbeux.

— Ce que je voulais dire, c'est que depuis toujours vous avez un père victime et moi, depuis hier soir, je me retrouve avec un père coupable. Ou accusé, mais chez nous, je veux dire en France, on ne s'embarrasse pas, c'est un peu la même chose.

Elle lève le pied, comme surprise par la campagne soudaine. Étourdie des mots qui lui viennent, aussi.

— J'ai toujours eu l'impression qu'il me cachait des choses. Je n'en ai jamais parlé.

Elle tourne légèrement la tête et ajoute :

— En tout cas, je ne sais pas pour vous, mais moi, il y a longtemps que j'ai mal.

Il reste silencieux, regarde les prés où il aime marcher quand les jours se fanent en une bruine constante.

— C'est là que je tourne ?

Il hoche la tête.

La Clio s'engage sur le bas-côté d'herbes humides.

Elle coupe le contact et pivote vers son passager.

Elle le regarde et attend.

Samuel choisit de se tourner. De la dévisager.

Des boucles rousses jusqu'aux épaules, une bouche fine comme dessinée à la va-vite, et ce rouge à lèvres un peu trop brillant qui lui tache l'extrémité des dents. Une maladresse d'inhabituel maquillage.

Samuel serait bien incapable de définir le genre de femme qui puisse l'émouvoir, attirer son attention.

Mais face au vert-étang du regard, à l'étrange luisance des yeux, il se dit que cette femme ne doit pas manquer d'audace, qu'en dépit de son aspect, au premier abord banal, se dégage d'elle une forme de charme. Une frivole légèreté d'aventureuse qui n'a pas froid aux yeux. Le genre qui doit savoir entraîner dans son sillage…

Samuel se dit qu'à ses côtés, il lui faut être prudent, se méfier des turbulences et des remous. Sans doute doit-il forcer son naturel et prendre l'initiative à son tour. Quand le moment lui semblera propice.

— Alors ?

— Mon père n'a jamais dénoncé les vôtres. C'est de ça que j'aimerais qu'on parle.

11

Vingt et une heures

La table est mise pour deux.

Samuel ferme la porte derrière lui, ne quitte pas son gilet, fait quelques pas vers le salon.

Coincées au fond du fauteuil, les épaules de sa mère, son cou tendu.

Putain, ça ne va pas être simple…

Annah se lève.

— Ton père a mangé. Tu sais bien que lui, après dix-neuf heures…

Elle se tourne côté fourneau. Offre son dos, les cordes raides de sa nuque.

Lui, attend les mots qu'elle va dire sans qu'on lui voie le visage.

— Je ne sais pas ce qui t'a pris, Samuel, mais tu lui as fait mal, tu sais. Ton père n'avait pas besoin de ça. Vraiment pas.

Samuel entend le tintement de la louche sur l'inox de la casserole. Aux vapeurs parfumées, il devine la chaleur du bouillon. Au parfum de l'aneth, le bouquet de la soupe au poulet. Il revoit son père emporter le journal, s'y plonger jusqu'au soir.

— C'est pas bien compliqué, mon grand, faut juste que tu m'écoutes, c'est tout. Ton père, ça fera bientôt soixante ans que je lui tiens les rênes, alors…

Tout ce que Samuel pense, il aimerait tant le dire, pour une fois céder à l'audace. *La douleur de papa, c'est d'abord ce silence qu'il leur a imposé à tous. Sans prévenir, de retour de sa putain de promenade. Ce qui, aujourd'hui, s'ajouterait à sa souffrance, ce n'est certainement pas la lecture de cette enquête sur un pan de vie. Aussi important fut-il. C'est des conneries tout ça…*

Elle se tourne, se saisit d'une assiette.

— Je sais mieux que tout le monde ce qu'il lui faut.

Le regard fixé aux bords de faïence, elle verse la soupe, pose l'assiette sur un coin de la table.

Ses yeux noirs se lèvent jusqu'à lui.

— Ce que j'aimerais, mon grand, c'est qu'au sujet de ton père, tu cesses de me contrarier. Tais-toi un peu et laisse-moi parler. C'est tout ce que je te demande.

Samuel sent les phrases se bousculer dans sa gorge. Il se mordille les lèvres, l'écoute poursuivre.

— Avec ta légèreté de tout à l'heure, ton inconséquence, même, tu n'imagines pas dans quelle complication tu nous mets. Comme si ton père avait besoin de ça en ce moment. Comme si…

De la poitrine de sa mère, la voix se fait plus insistante.

— Il suffisait de lui cacher le journal. C'était pas compliqué. On lui aurait appris la nouvelle progressivement. Ça aurait pris quelques jours, peut-être une semaine ou deux. Tu vois, on l'aurait simplement protégé. Comme d'habitude… Tu comprends ce que je te dis ? Tu as l'air complètement ailleurs.

Elle pose la seconde assiette pleine.

— Tu ne t'assois pas ?

De sous la table, du bout du pied, elle pousse vers lui un tabouret.

— Et puis, tu as vu l'heure qu'il est ? Qu'est-ce que tu as fichu pendant tout ce temps ? Tu m'avais dit que tu allais prendre l'air. Je me suis inquiétée, tu sais…

Elle porte la cuillère aux lèvres, grimace à la soupe brûlante.

— Si j'avais eu besoin de toi, c'était pareil…

Samuel croise les mains dans son dos, entrelace les doigts, laisse un picotement tiède lui monter un peu à la tête. Différent du rougissement de ses joues qu'il sent parfois venir. Non, c'est autre chose. Une forme d'impatience bouillonnante…

Il se racle la gorge.

— Non, maman, je ne mange pas. En fait, je vais m'absenter.

Elle arrête net le mouvement en cours, immobilise la cuillère à mi-chemin de la soupe et de sa bouche.

— T'absenter ? Comment ça ?

— Juste quelques jours.

Annah repose la cuillère près de son assiette.

— Tu plaisantes, j'espère. Tu crois que c'est le moment...

Il sent son cœur s'emballer sous la chemise. La sueur lui mouiller les tempes, la nuque.

— J'ai passé l'après-midi dans une voiture à discuter avec une femme.

— Une femme ?

— Oui. Elle s'appelle Marie. C'est la fille de René Ferrer. Celui du journal.

Samuel voit bien la bouche entrouverte de sa mère, cette absence soudaine de réplique. Un vide de sons, une aubaine, une brèche. Comme une échappée belle qui s'ouvre devant lui.

Lui dire en une phrase unique, sans points ni virgules, les deux heures dans la vieille Clio. Lui dire les doutes de cette Marie. La conviction profonde que son père, même s'il n'était pas un saint, cet homme aux cernes sombres des habitués de comptoir, que jamais il n'aurait livré les mômes de *La Colonie* aux Allemands. C'est ce que Marie croit, et elle n'est pas près d'en démordre.

Lui dire d'un trait, à cette mère singulièrement silencieuse, la suite qu'il a entendue. Le simple déroulé de la vie d'une autre qu'il a découvert. Marie qui raconte l'enfance aux parfums de bistro. Un bar comme une scène de théâtre, un père à la voix forte, aux gestes amples. Une mère sous la lumière des cuisines, dans le secret des plats du jour et des sandwiches débordant de mortadelle. Cette mère, Solange, contaminée par la fumée des autres, et qui s'éteint, piteuse et maigre comme un bout de bois. Lui décrire René Ferrer, brisé, qui fait à son unique fille ses confidences lors d'interminables promenades. La jeunesse et la guerre, l'insouciance de ses vingt-trois ans. Le départ des enfants de là-haut, un matin de juin, sous des toiles kaki. Et que jamais il n'a été mêlé, de près ou de loin, à cette triste affaire…

— Qu'est-ce qu'elle t'a donc promis ?

— Mais, rien.

— Pour que tu partes comme ça, que tu nous laisses, ton père et moi, elle t'a bien fait miroiter quelque chose ?

— Je t'assure, tu n'y es pas, maman.

Sur les lèvres d'Annah, un sourire.

— Tu parles… Bien sûr que j'y suis. Je parie qu'elle a réussi à te faire douter de la culpabilité de son père.

Un silence. À peine deux secondes.

— Hein, c'est ça. Je brûle, dis-moi ?

Confus, les arguments se pressent, les mots se refusent à jaillir de la bouche trop sèche.

— Cette garce, parce qu'il faut être garce pour manipuler les gens comme ça, cette garce, donc, t'a mis le doute dans la tête. Mais ça n'est pas tout, j'en suis certaine. Pour que tu décides de foutre le camp, comme ça, sans prévenir, c'est qu'elle a fait plus fort encore. J'en mettrais ma main à couper.

L'horloge sonne le quart de neuf heures.

— Tu vois, mon grand, je ne suis peut-être pas née de la dernière pluie, mais moi, je sais ce qu'elle t'a fait miroiter.

— Ça va, maman. C'est bon…

— Non, au contraire. Ça n'est pas bon du tout. Elle t'a fait croire que tu allais découvrir la vérité. Qu'après quelques jours d'enquête ou je ne sais quoi, tu allais rentrer ici et offrir à ton père ce qu'il attend depuis toujours. Le nom du coupable, le vrai.

— Maman…

Elle lève la main, veut le silence.

— Et toi, comme un grand dadais de cinquante-sept ans, tu t'imagines revenir ici comme un sauveur et sortir ton père de son silence. Hein, c'est ça ?

D'un geste, Annah éloigne son assiette du bord de la table. Puis, elle se lève.

— Faut dire aussi que tu ne connais pas grand-chose aux femmes. Allez, assieds-toi.

Elle reprend place à table, évite du regard la fenêtre qui donne sur la nuit.

— Ne t'inquiète pas. Quand elle en aura marre d'attendre, elle retournera d'où elle est venue.

Elle se saisit de sa cuillère, frappe un coup sec sur la table.

— Bon, tu t'assois, maintenant ! Je crois que ça suffit pour ce soir, non ?

Samuel reste debout, comme planté sur le carrelage.

— Je reviens.

C'est tout ce qu'il parvient à dire.

Il disparaît dans le couloir.

Une fois dans la chambre, il entasse le linge pêle-mêle dans son sac de sport.

Dans son dos, le pas d'Annah qui ne l'a pas lâché.

— Samuel, tu ne crois pas que la plaisanterie a assez duré ?

Il fait zipper la fermeture éclair de son sac, se dit qu'il achètera des affaires de toilette dans une grande surface.

Sa mère, debout, dans l'encoignure de la porte.

— Là où t'as raison, maman, c'est que tout ça mérite une enquête.

— Arrête, maintenant, mon fils. Arrête ! Repose ce sac, on va parler.

Il fait comme s'il ne l'avait pas entendue.

— … Ou au moins un minimum de recherches. Pas un truc de flic ou d'historien, non. Simplement un homme et une femme qui veulent savoir pour leur père respectif. C'est pas plus compliqué…

— Folie…

Il la pousse en douceur sur le côté, avance dans le couloir. Sa mère ne le quitte pas d'une semelle.

— C'est comme si elle t'avait drogué. Tu dis n'importe quoi, tu…

Samuel enfile sa veste, fait face à sa mère.

— Arrête, maman. Là, c'est toi qui dis n'importe quoi. Marie Ferrer est juste comme moi, elle a besoin de savoir pour son père. C'est simple, non ?

— Foutaises…

Il entrouvre la porte sur le soir tombé.

En face, le ronflement continu d'un moteur.

Samuel descend les escaliers, referme le portail derrière lui. Il sent le reflux du pourpre de ses joues, le froid de la transpiration au creux de son dos, évite de penser au regard noir chevillé à ses épaules.

Il avance dans le jaune des phares, ouvre la portière, s'installe sans dire un mot.

Découpée dans la lueur de l'entrée, la silhouette frêle d'Annah. Tout autour de son cou, le filandreux gris de ses cheveux dénoués.

La voiture démarre sans faire crisser les pneus.

Sur le boulevard de la Paix, Samuel songe à l'unique raison qui le pousse à partir, comme ça, sans préméditation. En silence, se répète la seule question qui vaille, l'unique à se poser. Pourquoi son père, de retour d'une de ses errances quotidiennes, a-t-il un jour cessé de dire les choses ? C'est pas plus compliqué.

— À la sortie de la ville, sur la route de Tarbes, il y a une station Total ouverte toute la nuit. Il faut que j'achète des affaires de toilettes. Un minimum. Ensuite, on prendra la route vers Nay. Je vous indiquerai.

Et puis, quelques secondes d'hésitation.

— On va dormir où ?

Elle ne quitte pas la route des yeux et lui répond, avec méthode.

Après avoir écouté Marie, il se dit qu'elle est vraiment ce genre de femme qui ne laisse rien au hasard. Jusqu'à réserver, pendant qu'elle patientait dans la voiture, deux petites piaules à l'hôtel Central de Lestelle-Bétharram.

En silence, il sourit à cette aventurière qui, il le pressent, n'a pas fini de l'étonner.

Puis, Samuel revient à son père qui a cessé de dire les choses. Ce silence soudain, pense-t-il, ne peut être que la conséquence d'une douleur extrême, un déchirement. Un phénomène soudain comme la foudre. Il suffirait de remonter le cours de la blessure, de retrouver le point exact de la brutalité originelle. Ce coup que Léon Adler a reçu, il y a cinq ans, lors d'une promenade. Cette violence inattendue qu'il a subie et qui l'a fait se taire définitivement.

Au bout d'une avenue, la silhouette étalée d'un centre commercial. Plus loin, sur la route, les lueurs vives d'une station-service.

Offrir à son père le nom du coupable.

Samuel sent son ventre se détendre, sur ses lèvres poindre un sourire.

Inutile de se voiler la face. Elle est là l'unique finalité de ce départ. Soulager le petit Léon de La Croix des Hauteurs de toute l'infamie du monde.

DEUXIÈME PARTIE

12

Vingt-trois heures cinquante-cinq

Une bonne heure maintenant que Marie Ferrer a éteint la lampe, qu'elle s'est tournée contre le mur, glissée dans le sommeil.

Les yeux de Samuel, eux, n'ont quitté ni le plafond, ni les angles droits des murs à peine sombres.

Les volets sont un peu bancals et le lampadaire, rue Gaston-de-Foix, n'arrange pas les choses. Au travers des rideaux, le jaune et le brillant du réverbère projettent des lignes noires et claires, tracent des tentatives de nuits striées.

Deux heures trente plus tôt, quand il s'est enfoncé dans le siège usé de la Clio, avant même de délivrer la première consigne, les battements anarchiques de son cœur l'avaient presque affolé.

D'avoir levé la voix dans la maison, poussé sa mère sur le côté, de l'avoir laissée, seule sur le perron à le regarder partir…

Les gestes qu'il avait eus, les attitudes inhabituelles, la position frontale de son corps, le ton de sa voix, sa façon même d'occuper l'espace, tout ce théâtre improvisé avait provoqué le martèlement du sang contre ses tempes.

Cette suite soudaine de micro-événements, prévisible comme une chute de dés en cavalcade : la cuillère cognée contre la table, les mots qu'elle avait dits, *foutaises*, *folie*, et puis ses jambes à lui, flottantes, mais qui l'avaient porté jusqu'à la chambre, jusqu'au sac de sport rempli en vitesse. Ce scénario de précipitation, la voix de sa mère, vieille et qui ne tremble pas, les escaliers, puis le gravier jusqu'au portail, l'effort pour ne pas se retourner, puis le visage de Marie à travers la vitre de la voiture, ses joues blêmes comme point de mire…

La ceinture à peine bouclée, quelques mots pour indiquer la direction. Puis les néons de la station-service, le clic-clac Renault du clignotant et la place de parking. C'est là, au moment de sortir, de longer les pompes jusqu'à la boutique, à cet instant précis qu'il a senti son cœur entrer en décélération.

Dès les premiers mètres, les jambes solides, le souffle sûr et, sous le gilet boutonné de travers, une rythmique apaisée. Presque sereine.

En poussant la porte vitrée, il a souri à l'expression *un vent de liberté* qui lui venait en tête.

Quand vingt minutes plus tard ils ont approché Nay, il lui a indiqué le parking du LIDL, sur le bord de la route, sur la gauche, sous les réverbères. Sans broncher, ils ont déballé les sandwiches sous vide achetés à la station-service.

Elle a juste dit, on aurait pu se payer un resto, une pizza, une connerie quelque part…

Lui n'a pas su répondre. Pas l'habitude. À une femme. Encore moins à cette heure-là.

Elle a extirpé les tranches-triangle de leur emballage, s'est mise à mastiquer en regardant nulle part. Lui, s'est attaqué à la cellophane et puis s'est mis à mâchouiller à son tour.

Quand elle a redémarré, Samuel lui a demandé si elle n'avait pas eu trop de mal à dégoter des chambres. Avec les vacances de Pâques… Puis il lui a indiqué la route.

Ils ont contourné la ville par le nord, se sont lancés en direction d'Igon.

Une fois sur la ligne droite, elle lui a juste dit que ça n'avait pas été simple. Que l'hôtel Central était le seul établissement où il restait une chambre. Et elle s'est tue.

Vous voulez dire, une seule chambre ? Elle a répondu, oui, avec deux lits.

Jusqu'à l'hôtel, ils n'ont plus dit un mot.

Quand le patron, un homme d'une quarantaine d'années, leur a ouvert la porte, à ses cheveux en perdition collés au front, au bleu translucide de ses cernes, Samuel s'est dit que ce type était plus qu'épuisé. Le genre de bonhomme qui rame comme un damné de six heures du mat à la nuit tombée, sans même reprendre son souffle. Immédiatement, il se l'est imaginé des jours entiers dans les vapeurs de barbaques et de bouillons divers, se l'est figuré, à la fin du jour, à savourer un vin trop frais sur un coin de plan de travail. Un verre, une clope. Et puis un autre godet. Ou deux, avant de monter à l'étage et de s'écrouler jusqu'au matin.

Un vin de la région pour un petit penchant du soir. Précieux, l'instant, comme une récompense.

À droite, dans la pièce principale, disposés autour d'une table basse en verre, trois fauteuils-cuir usés jusqu'à la trame. Attentifs, deux couples de Belges étaient penchés sur une carte à savourer leur bière en ébauchant le jour d'après.

Marie a juste dit, *on monte.* L'homme de la réception lui a tendu une clé, c'est la 6 au premier, vous verrez demain quand il fera jour, ça donne sur le Gave.

Dans l'escalier, elle s'est engagée la première, puis, là-haut, a suivi le couloir jusqu'à la porte, sans hésitation. En marchant derrière elle, Samuel n'a pu s'empêcher de repenser au regard intrigué du patron. Le genre qui a l'habitude de cataloguer ses clients, et là, impossible pour lui de compartimenter. Mari, femme, frère, sœur, cousins, amants en escapade ou simplement amis ? Pas près de deviner, c'est sûr. Deux vieux enfants un peu perdus, ça n'est pas simple à discerner.

Elle a poussé la porte. Ils sont entrés.

Une piaule retapée avec les moyens du bord. Moquette grise et radiateur d'appoint collé à chaque mur latéral, un lit au couvre-lit de damier bleu et blanc, un traversin, pas d'oreillers. Appuyées aux cloisons qui séparent des chambres voisines, une armoire-penderie et deux tables de chevet en stratifié. Aux murs, sur des toiles dépourvues de cadres, des galets alignés ont l'air de s'ennuyer.

Samuel a dit qu'il allait se laver les dents, qu'il n'en avait pas pour longtemps. Après, il lui laissait la salle de bains.

Deux minutes plus tard, quand elle a refermé derrière elle et tiré le verrou, il a déballé son pyjama, s'est déshabillé en vitesse et s'est glissé entre les draps.

Quand elle est sortie, il n'a pas détourné le regard de la page 124 du Marguerite Duras qu'il venait d'ouvrir.

Elle lui a demandé s'il voulait lire longtemps. Pour la lumière.

Il a laissé tomber le livre sur la moquette, a dit que tout ça, les heures précédentes et puis le reste, l'avait sérieusement fatigué.

Elle a posé le doigt sur le commutateur et s'est tournée côté mur.

Il a murmuré un *bonne nuit* de politesse. N'a pas eu de réponse, s'est dit qu'elle n'avait pas entendu.

Demain, il parlera plus fort.

Alors qu'elle s'endormait comme on tombe, il a réalisé que cette chambre à partager, cette nuit à deux pas d'une femme couchée était pour lui une première.

Faut dire aussi que tu ne connais pas grand-chose aux femmes. Il ressent encore les mots de sa mère lui battre les oreilles. Il n'y a entendu ni dépit, ni colère. Seul un triste constat.

Dans la pénombre, il sourit à son audace d'aujourd'hui. Pour une fois, il a dit non. Pour une fois, face à celle qui l'invite, qui, d'une certaine manière lui tend la main, il ne s'est pas détourné.

Au loin, l'église égrène les heures qui passent. Minuit.

À quelques mètres, Marie s'est positionnée sur le dos. Maintenant immobile, elle ronfle doucement. Samuel trouve qu'elle souffle comme les chats. Juste l'air qui vibre au sortir des narines.

13

Lundi, huit heures quarante-cinq

— Le café est bon, vous ne trouvez pas ?

Samuel ne trouve rien d'autre à dire. Les codes homme-femme au petit-déjeuner n'ont jamais été véritablement son affaire.

Marie Ferrer se concentre sur le beurre qu'elle a commencé à tartiner.

Une demi-heure plus tôt, quand Samuel s'est faufilé hors de son lit, elle a attendu qu'il s'enferme dans la salle de bains pour se redresser, dos contre le mur. Elle a entendu l'eau gicler dans la cabine-douche, crépiter sur les parois de plexiglas. Marie a deviné la buée encombrante, s'est rappelé le corps des hommes. Leur longue absence, aussi.

De l'autre côté du mur, Samuel s'est mis à siffloter, comme s'il était seul.

Elle a enfilé un jogging, a tiré les rideaux sur cette route principale qui traverse le village. Au-delà des maisons, l'abrupt des collines. Le brun et le vert sombre des forêts, des arbres serrés les uns contre les autres.

Dans la salle de bains, l'eau a cessé de couler. À entendre les frictions de la serviette sur le dos de cet homme qu'elle ne connaît pas, nu, à quelques mètres d'elle, elle s'est demandé ce qu'elle fichait là. S'est dit qu'elle était un peu folle d'être partie comme ça, sans même échafauder un plan.

Fermer son sac, descendre les escaliers et rejoindre sa voiture ne lui prendraient qu'à peine deux minutes. Reprendre la route et filer jusqu'à son coin de banlieue bordelaise, à peine trois heures. Une fois dans sa chambre, il ne lui resterait plus qu'à accrocher des yeux le petit cadre posé sur la table de nuit, regarder la photo de son père et lui dire à voix basse qu'elle a rebroussé chemin, abandonnant en route l'idée de lui rendre l'honneur…

— Le café ? murmure Marie, oui, il est bon. Un peu chaud, peut-être.

Dans la salle de restaurant, quelques couples conversent à voix discrètes. Sur toute la longueur de la pièce, côté nord, une dizaine de fenêtres à petits carreaux ouvrent sur d'étroites pâtures descendant en douceur jusqu'au Gave.

Entre deux bouchées, Marie observe les remous, les troncs coincés par d'importants rochers au travers des désordres de l'eau.

— Sacré courant, non ?

Samuel regarde à son tour.

— C'est la fonte des neiges, là-haut. Parfois les crues sont impressionnantes. Il y a deux ans, je crois…

Petit exposé sans risque. Les berges inondées, les routes coupées par l'eau boueuse, la stupeur des villageois fraîchement débarqués de la ville et qui découvrent enfin la campagne. Imprévisible dans ses embuscades.

Quand il connaît le sujet, Samuel n'hésite pas à se lancer, bordé de connaissances rassurantes. Plutôt que de s'attarder aux éventuels signes d'ennui qui pourraient marquer le visage de son interlocuteur, il suit son idée jusqu'au bout, déroule son analyse jusqu'à son point final. Souvent, il termine essoufflé, comme grisé, subitement habité de la sensation d'être quelqu'un. Un homme qu'on a pris le temps d'écouter. Un peu comme son père avant qu'il ne se taise pour de bon.

Combien de fois sont-ils partis tous les deux, des après-midis entières, sur les chemins perdus de la campagne. Léon Adler parlait jusqu'à perdre souffle, évoquait à mots vibrants *La Colonie* vidée de ses enfants, les cœurs emballés sous les bâches kaki, les rails en longues lignes droites à travers l'Europe, les rails jusqu'aux quais, aux douches, jusqu'aux cheminées de briques brûlantes.

Sous les ciels inconstants du Béarn, se racontait l'enfance du père.

C'est là, Samuel en a la certitude, qu'entre les rocailles et l'herbe grasse des montagnes, la souffrance du père est peu à peu devenue sa propre tristesse.

Un chagrin qui s'est installé, a fini par gommer toute trace de sourire.

Handicap à perpétuité…

Samuel vide son bol, essuie ses lèvres à la serviette de coton. Il lève les yeux.

Elle croise son regard.

— Vous vous demandez si j'ai une stratégie, c'est ça ? Pourquoi m'avoir suivie, comme ça, sans réfléchir ?

Il ne s'attendait pas à ce qu'elle lui pose une question. Deux, encore moins. Alors, il se lance.

— Disons que je vous ai suivie comme ça, comme vous dites, sans vraiment réfléchir. Envie de quitter la maison de mes parents quelques jours, c'est sûr. Peut-être de m'extraire un instant de leur emprise, de prendre un peu de recul, après tout, ça ne fait pas de mal. Essayer d'y voir clair, aussi. En fait, pour tout dire, vous êtes arrivée au bon moment. C'est pas plus compliqué. Et puis, cette nuit, pendant que vous dormiez, j'ai songé à votre initiative. Excusez-moi, mais vous êtes du genre aventureuse, quand même.

— Aventureuse ?

— Disons, sacrément audacieuse. Débarquer comme ça, sans prévenir, le jour où le nom de votre père s'étale dans le journal.

Il s'arrête net. Pourrait poursuivre son propos, aller plus avant dans l'explication de son étonnement, mais Samuel préfère le son mat du point final. Les mots suivants pourraient être mal compris. Samuel n'est pas adepte de la prise de risque verbale. Les joutes, les accentuations de la voix ne font pas partie de sa panoplie.

Elle se verse un jus d'orange. Trouve que son partenaire a un sens peu commun de la ponctuation. Stopper net comme il vient de le faire et tout laisser en suspens…

— Pour mon père, j'ai pas supporté. Qu'on l'accuse, comme ça, d'un jour à l'autre qu'on le traîne dans la gadoue. Vous comprenez ?

Pour l'instant, il préfère écouter et attendre. Pour ce qui est de comprendre, il verra plus tard.

— En fait, c'est un ami, un ancien journaliste, qui m'a appelée hier soir. Il m'a prévenue pour l'article qui allait sortir. Ça m'a chamboulée toute la nuit. Aussi, ce matin, quasiment aux aurores, j'ai acheté *La République*, j'ai lu le reportage et j'ai décidé de venir jusque chez vos parents. Vous voyez, un peu comme vous, sans réfléchir. Je ne sais même pas si je voulais leur parler. J'en savais rien, en fait. En tout cas, impossible de rester chez moi. Il fallait que je fasse quelque chose. Et puis, le hasard a fait le reste. J'ai pris l'autoroute jusqu'ici, j'ai réussi à trouver votre maison. C'est là que votre mère m'a jetée. Remarquez, je ne lui en veux pas, elle était dans son droit, j'avais escaladé le portail. Alors, j'ai attendu dans ma voiture, je vous ai vu sortir, je vous ai abordé et puis voilà.

— Donc, vous n'avez rien préparé ?

— Comment ça ?

— Je veux dire, on est venu jusqu'ici, on s'est installé et puis c'est tout. Vous n'avez pas de plan particulier. Je me trompe ?

— Non. Je veux juste qu'on découvre la vérité. Rien de plus. Il y a soixante-dix ans, un salaud a dénoncé les gamins juifs qui s'étaient réfugiés dans le coin. Aujourd'hui, on accuse mon père d'avoir été ce salopard. Et moi, je sais qu'il n'y est pour rien. Alors, non, je n'ai pas de plan. Aucune stratégie. Pour tout vous dire, l'idée de l'enquête, je sais même pas comment ça m'est venu.

Et puis la pensée suivante survient, comme ça, juste après avoir avalé la dernière goutte de café.

— Ce que je vous propose, pour commencer, c'est qu'on monte là-haut. À la Croix des Hauteurs. Après tout, c'est là que tout a commencé, non ?

14

Lundi, neuf heures quinze

La Clio s'engage sur le petit pont à droite, puis se lance entre les dernières maisons avant la montée. Samuel, immobile, une main serrée autour de la ceinture, se souvient de sa première visite à la maison du haut, comme il l'appelait.

C'était un 20 avril comme tous les autres qui suivirent.

Il se souvient de ses petites jambes de six ans, de la main dans celle de sa mère, du bleu-blanc-rouge des drapeaux et de la maison du haut. Trois bâtiments de pierres aux volets de bois peints. Il se rappelle encore d'une visite silencieuse entrecoupée des commentaires de l'unique survivant. Son père.

Ce Léon de papa qui, ce jour-là, lui semblait être un autre. Un père qu'il ne connaissait pas. Ou plutôt qu'il découvrait. Bavard, les épaules droites et les mains vibrant dans l'air au rythme des mots. Ce père qui racontait la vie des enfants, l'école, les maîtresses. Ce père qui pesait ses phrases quand elles peignaient le jour sombre du départ des autres. Le vide soudain des classes, des dortoirs, les jouets éparpillés dans la cour et les camions de ce jour d'avril 44 qu'il n'a jamais cessé d'imaginer.

Marie fait craquer les vitesses, relance à chaque virage.

— C'est la première fois que vous venez par ici ?

Entre les arbres, un peu à l'écart de la route, une chapelle baroque. Elles sont plusieurs à jalonner le chemin de leurs silhouettes grises.

— Oui, la première fois.

Son regard pénètre les bois.

— C'est curieux, ces petites églises au beau milieu des arbres.

— Je sais, c'est étrange. On appelle ça des calvaires.

Il préfère taire la peur qu'il avait, enfant, des croix et des vitraux dans la forêt. Ces églises miniatures qui ont laissé les camions dévaler la pente, emporter les enfants. Peur aussi du pensionnat de Lestelle-Bétharram, accroché à l'aplomb du Gave, plongé toute l'année dans l'ombre glaciale des collines.

Bientôt, à cent mètres, au centre d'une bifurcation, se dresse La Croix des Hauteurs.

— J'imagine, poursuit Marie, que pour vous, c'est loin d'être la première visite.

Un peu plus loin, sur la gauche, la route monte légèrement.

— Laissez la croix sur votre droite. Dès que vous verrez les premiers bâtiments, vous n'aurez qu'à vous garer face à la grille.

Quelques instants plus tard, Marie serre le frein à main et coupe le moteur.

— La première fois que je suis venu ici, j'avais six ans. C'était en avril 64. Ils commémoraient les vingt ans de la rafle.

Marie ouvre la portière.

Elle s'approche de la grille.

— Ça a l'air fermé.

À son tour, il rejoint le portail grillagé.

— On est lundi matin. C'est mieux comme ça.

— Pourquoi ?

— Votre première visite, je préfère que vous la fassiez un autre jour, sans moi. En toute indépendance.

— Vous saviez que c'était fermé.

Elle réfléchit tandis qu'il ne dit rien.

— Vous devez avoir vos raisons.

— Pour se faire une juste opinion, enchaîne Samuel, vous verrez, il ne faut subir aucune autre influence que celle de ses propres émotions. Et puis, c'est un endroit spécial. Le bâtiment principal a été transformé en musée. Il y a les photos des enfants, leur âge et puis tous ces jouets, ces cartables.

Samuel se tait.

Marie fait quelques pas, pose les fesses sur le capot tiède de la Clio.

— J'ai lu quelque part que votre père s'en était sorti parce qu'il s'était endormi dans une ferme voisine, c'est ça ? Racontez-moi.

Samuel indique du doigt, en contrebas, le chemin Nougue. En quelques mots, l'histoire mille fois entendue du petit Léon, de la vache mettant bas, de Louis Domec dans la nuit froide, et de l'endormissement des deux garçons dans la paille.

Marie écoute, semble ne pas vouloir perdre un mot.

— Donc, si j'ai bien suivi, le petit Louis dont vous parlez, il avait bien un père ?

— Oui, Pierre Domec, l'agriculteur.

— Et vous ne vous êtes jamais demandé pourquoi ce Pierre Domec n'avait pas réveillé les enfants ? Ni sa femme d'ailleurs.

— Comment ça ?

— J'imagine que le petit camarade de votre père devait bien aller à l'école, lui aussi.

— Oui. À celle du village, sans doute. Et alors ?

— Alors, je trouve curieux que le matin même où les Allemands montaient à la Croix des Hauteurs, les parents de Louis aient pris tant de soin à ne pas réveiller les deux garçons.

Samuel se dit qu'il ne s'était jamais posé la question.

— Un peu comme s'ils voulaient protéger votre père. Lui éviter de monter et de partir avec les autres.

— Et alors ?

C'est tout ce qu'il trouve à dire.

— Alors, s'ils ont voulu le protéger, c'est qu'ils savaient.

Elle se tait un instant. Puis la phrase suivante, comme une évidence.

— Et s'ils étaient informés pour les Allemands, peut-être qu'ils savaient autre chose. Il y a même des chances.

Elle saute du capot et ouvre sa portière.

— On y va ?

— Où ça ?

— Chez les Domec, pardi ! Où vous avez la tête ?

Samuel avance vers la voiture.

— Je ne sais même pas s'ils vivent encore dans cette ferme.

Elle se penche et déverrouille la portière passager.

— Raison de plus pour aller voir. Allez, en route ! Pas de temps à perdre.

15

Dans la descente silencieuse sur la route bordée de chapelles, secrètes parmi les arbres, Samuel se dit que le petit Louis, copain de son père, doit lui aussi avoir aujourd'hui dans les quatre-vingts ans. Si la famille n'a pas quitté la ferme, peut-être que le vieux est encore là, au coin du feu, à ruminer les heures éloignées.

— Vous vous demandez s'ils vivent toujours là ?

Samuel lui fait signe de contourner le pâté de maisons. Après un virage en épingle à cheveux, il lui indique le chemin Nougue qui grimpe en pente douce dans le bois.

Il cherche ses mots, ne sait pas pourquoi, mais craint de dire une bêtise, d'être à côté de la plaque et de passer pour un idiot. Une sorte d'inadapté.

La solitude implique une pratique du monologue qu'il maîtrise à merveille, mais pour le duo, il doit s'adapter à chaque seconde, chercher la phrase juste.

Et cet exercice d'équilibriste lui tourne un peu la tête. Manque d'habitude. Peur de trébucher.

Il a parfois l'impression que les codes les plus simples s'obstinent à lui échapper. Et ce, depuis bien longtemps. Déjà, enfant, les règlements qui régissaient les conversations de ses camarades lui semblaient provenir d'une langue étrangère. Un dialecte apparemment aisé, commun à tous, mais auquel il n'avait pas accès…

Il se remplit les poumons et se lance, débite les mots comme ils viennent.

— C'est vrai que j'ai du mal à les imaginer aujourd'hui. Je crois que c'est à cause des mots de mon père. Je ne vous dis pas combien de fois il m'a raconté la ferme des Domec, son ami Louis, et Pierre, le père, bâti comme un tronc. Alors, j'ai du mal à me les figurer à notre époque. Un peu comme si j'en étais resté à une vieille carte postale.

Plus haut, dans une boucle du Gave, on distingue un alignement de hangars aux toits de tôles ondulées.

— Et votre père, malgré les années, il n'a jamais changé de version, j'imagine ?

— C'est ça. Un peu comme une jeunesse à préserver.

Il souffle, expire doucement, trouve qu'il ne s'en est pas trop mal sorti.

Derrière les hangars, le corps de ferme. Une bâtisse au crépi blanc, fenêtres PVC et toiture rutilante.

Par la porte grande ouverte d'une des granges, la ligne d'un coupé Mercedes.

Un regard circulaire et Samuel se dit que son père n'y retrouverait pas l'ombre d'un souvenir.

Marie immobilise la Clio face aux marches qui mènent à la porte d'entrée. Un peu plus loin, entre les remises, le chemin Nougue serpente entre les ornières touffues et disparaît en grimpant vers la Croix des Hauteurs.

Marie coupe le contact.

— Votre père trouverait ça bien changé, non ? Vous l'imaginez débarquer ici aujourd'hui ?

Samuel entrouvre sa portière.

— Non, j'ai du mal à imaginer. Vous savez, mon père, ça fait près de cinq ans qu'il n'a pas prononcé un mot.

*

Alain Domec pourrait être le portrait-robot du paysan recyclé en chef d'entreprise. Chemise velours sous une veste en tweed, jeans de marque, santiags à bouts pointus, sans oublier les Ray-Ban plantées au beau milieu des mèches grises.

— Asseyez-vous, M'sieur Adler. Et vous aussi, m'dame.

Samuel s'est présenté, puis a indiqué Marie du doigt, a simplement dit une amie.

Sur le bar, une machine à café du genre d'aujourd'hui, faussement authentique.

— Je fais un jus, et puis vous me racontez le pourquoi de votre venue. Ça vous va ?

Les voyants de la cafetière s'allument et le café coule.

Samuel et Marie se sont juchés sur les tabourets de bar.

— L'histoire de votre père, poursuit Domec en alignant les sous-tasses, je crois bien que je la connais par cœur. Vous pensez ! Mon père et le vôtre, copains de guerre comme ils étaient…

Les deux autres écoutent sans rien dire. Prennent soin de ne pas l'interrompre.

— Enfin, je veux dire que pour mon père, c'était inoubliable. Mille fois au moins qu'il m'a raconté.

Il pousse doucement les tasses vers ses invités.

— Tous ces gosses qui dormaient, là-haut, et puis la vache, en bas, qu'allait sortir son veau. La nuit qu'ils ont passée, le Louis et le Léon, jusqu'à s'endormir dans la paille.

Il porte sa tasse aux lèvres.

— Faites attention, c'est chaud.

Il tente de refroidir à petits souffles.

— En tout cas, votre père, sa nuit à la belle étoile, on peut dire que ça lui a sauvé la vie.

Il pose sa tasse sur le bar, attrape le paquet de blondes qui traîne.

— Ça ne vous dérange pas ?

Ça ne ressemble pas vraiment à une question.

L'odeur du tabac blond se répand dans la pièce.

Alain Domec se tait un instant. Le temps de retrouver le petit point d'interrogation qui s'est fiché dans sa cervelle juste après que Samuel se soit présenté.

— C'est à cause de l'article d'hier que vous êtes venus ?

Samuel sent qu'il doit prendre la parole. Tenter un mot ou deux.

— Oui, en quelque sorte. En fait, Marie et moi, on voudrait surtout parler des journées qui ont précédé la rafle. Je veux dire, des deux ou trois jours avant que les Allemands ne montent là-haut.

Domec se lève pour prendre un cendrier.

— Alors là, je crois pas que je peux vous être bien utile. C'est à mon père qu'il faudrait causer. Mais lui…

— Il est souffrant ? hasarde Marie.

— Souffrant, c'est pas le mot. Égaré, plutôt. Disons qu'il s'est mis à perdre la boule. Au début, on s'est dit, mon frère et moi… Ah oui, je vous avais pas dit, la ferme, c'est mon frère et moi qu'on la tient. Nos femmes, elles travaillent à l'hôpital de Pau, et nos fils, ils ont fait de la compta et du commerce, alors, ils gèrent l'affaire avec nous. Je vous montrerai en sortant, vous verrez, c'est une vraie petite usine.

Fromagerie, labo, magasin de bio pour les touristes, je vous dis pas le *business* que c'est…

Il trempe les lèvres, vide sa tasse d'un trait.

— Pour mon père, les docteurs nous ont vite renseignés. Alzheimer, comme ils disent. Alors, le vieux, quand il a plus su comment qu'il s'appelait, qu'on le retrouvait tous les deux jours à des kilomètres, errant dans les bois comme dans sa pauvre caboche, eh bien on a pas eu le choix. Avec le frère on a décidé de le mettre dans une maison, à Pau. Vignalou que ça s'appelle. C'est près de l'hôpital, boulevard Hauterive. Avant, j'y allais tous les quinze jours, passer une heure ou deux. Avec mon frère, on se relayait chaque semaine. Et puis, de le voir diminué, comme ça, jusqu'à plus nous reconnaître, on y va plus qu'une fois par mois. C'est pas pour ce que ça sert, mais au moins, c'est pas de l'abandon.

De ses gros doigts, il écrase sa cigarette dans un cendrier jaune.

— C'est triste, je sais, mais qu'est-ce qu'on peut faire d'autre ?

Il se lève d'un coup, file direct vers le buffet.

— J'y pensais plus, mais il y a la pile de souvenirs.

Il tire à lui un grand tiroir, fouille un instant, finit par extirper une épaisse enveloppe kraft qu'il pose sur le bar.

— C'est notre tiroir à photos. C'est pour ça que je l'appelle la boîte à souvenirs.

Il vide l'enveloppe, étale les photographies.

— Trois jours avant que les boches montent là-haut, à l'hôtel Central, ils avaient fêté l'anniversaire de la patronne. Même que votre père avait réussi à se faire inviter et que les femmes de *La Colonie*, vu qu'il était bien copain avec le petit de la ferme, eh bien, elles lui avaient donné l'autorisation pour le repas du midi.

D'un geste ample, il étale toute une flopée de tirages noir et blanc.

— C'est les photos qu'ils ont prises ce jour-là. Mon grand-père les avait conservées et mon père les a récupérées.

Il pose un index sur l'un des clichés.

— Vous voyez, celui-là, le jeune derrière le comptoir, avec son sourire de faux-cul, eh bien, c'est lui le René Ferrer dont a causé le journal. Un putain de traître, rien d'autre !

16

Samuel et Marie descendent ensemble de leur tabouret, se penchent sur le plateau clair du bar. Avec précaution, ils glissent les doigts sur les petits rectangles en noir et blanc, les font glisser les uns entre les autres comme on le fait des pièces d'un puzzle. Par moments, ils en saisissent certains, les portent à hauteur de visage. Sans commentaires, ils s'immergent quelques secondes dans les images d'avant.

Samuel découvre pour la première fois le visage de son père avant la tragédie. Il s'attarde sur la finesse des traits, s'étonne des mèches bouclées. Sur les lèvres de son père enfant, il tente de démasquer le sourire qui va naître, apparaître sur les photos suivantes.

Alain Domec doit s'absenter quelques minutes. Dehors, son pas lourd écrase les graviers.

— Je n'aurais jamais reconnu mon père, fait remarquer Marie. Moi qui croyais qu'on gardait quelque chose de sa jeunesse…

Samuel pose les yeux sur un des clichés où le jeune Ferrer apparaît nettement. Une vingtaine d'années, les cheveux mouillés et plaqués vers l'arrière. Apparemment fier derrière son comptoir, un torchon soigneusement plié sur l'avant-bras. Un homme au sourire de lèvres jointes, au regard tourné vers le sol, comme fuyant l'objectif.

Samuel pense aux collabos, aux criminels de guerre. Il se dit que certains n'ont d'autre choix que de s'éloigner de leur propre jeunesse. Question de survie. Changer de coiffure, adopter des lunettes, laisser le corps s'épaissir, modifier la démarche, adopter une allure balourde, quelque peu maladroite. Sans attendre, livrer la chair à un vieillissement précoce.

— Ce que je veux dire, poursuit Marie, c'est que même petite, mon père, je l'ai toujours trouvé vieux. Un peu comme s'il n'avait jamais été autre chose que ça. Jamais jeune, en tout cas. Alors ces photos, c'est un peu une révélation.

Il a envie de lui dire que, pour lui, c'est pareil. Chaque photographie porte en elle le visage d'un père qu'il ne connaît pas. Chaque image est une découverte, un aveu de jeunesse engloutie.

Samuel pince un cliché entre ses doigts. Une prise en contre-plongée des deux gamins, Léon Adler et Louis Domec, assis sur le carrelage, à jouer avec une sorte de charrette miniature. Au dernier moment, ils lèvent la tête vers le photographe, offrent un sourire figé.

— Je crois que c'est celle-là ma préférée. Il y a tout dans cette photo. Regardez, la joie des deux garçons, leur plaisir à être là, au beau milieu des grands, et puis, dans ce geste de Louis, ce bras qui entoure l'épaule de mon père, toute l'amitié qui les unissait.

— Vous permettez ?

Marie saisit le cliché à son tour. D'un regard, elle le compare aux autres étalés.

— N'empêche que c'était un petit garçon drôlement élégant, votre papa. La chemise blanche boutonnée jusqu'au cou, le blazer qui lui tombe comme il faut. Franchement, il n'avait peut-être que huit ans, mais de tous ceux qui sont là, c'est quand même lui le plus classe, vous ne trouvez pas ?

Samuel sourit au compliment.

— Je n'ai pas connu ma grand-mère, mais on m'a dit qu'elle était une vraie couturière. Une sorte de petit dé en or qui passait son temps à confectionner des vêtements pour ses enfants, et même les gamins du quartier.

La porte s'ouvre sur le patron de la maison.

— Excusez, mais les affaires…

À grands pas, il traverse la cuisine.

— Encore un petit café ?

Samuel et Marie déclinent la proposition, se lèvent, annoncent leur départ.

— Vous avez été drôlement gentil de nous recevoir, déclare Samuel. Mais est-ce que je peux vous demander une faveur ?

Froncement des sourcils.

— Dites toujours…

— En fait, j'aimerais vous emprunter toutes ces photos. Le temps d'en faire des copies. Dans deux ou trois jours, je vous les ramène.

Alain Domec rassemble les clichés, les fourre dans l'enveloppe.

— Si c'est que ça. Et puis, pour les ramener, il y a pas le feu. Venez quand vous voulez, mais prenez votre temps.

Il les accompagne sur les marches déjà tiédies de soleil.

— Bon, je vous fais visiter la boutique ?

— La prochaine fois, bredouille Samuel. Quand je vous ramènerai les photos. On a encore pas mal de choses à faire aujourd'hui.

Pourvu qu'il ne me demande pas le programme, prie Samuel, parce que là, ce serait la grande improvisation. La seule chose dont il est sûr, c'est qu'il a envie de partir. De foutre le camp dans la Clio et de laisser la ferme derrière lui.

Alors qu'ils se dirigent vers la voiture, Marie se tourne vers l'agriculteur.

— Nous allons rentrer à l'hôtel Central. Maintenant qu'on sait pour l'anniversaire de la patronne, il nous faut revoir un peu l'endroit. Même si ça a dû beaucoup changer depuis la guerre.

— Si ça a changé ? Plus que ça, madame. Déménagé, qu'il faudrait dire. En fait, pendant l'Occupation, l'hôtel était installé sur la place principale, près de la mairie. Dans une grande bâtisse en briques rouges. Vous ne pouvez pas la manquer. C'est le docteur Lacoste qui vit là, maintenant. Il est en retraite. Ses parents tenaient l'hôtel pendant la guerre. Si vous y allez, sûr qu'il va vous recevoir. Et lui, pour ce qui est des trucs à raconter, à tous les coups, vous en avez pour la journée. Sans compter les photos qu'il a dû conserver, lui aussi…

Alors que la voiture franchit les premiers mètres, Domec leur fait signe de s'arrêter.

— Excusez, mais j'allais oublier quelque chose. C'est peut-être pas bien important, mais ça me trotte dans la tête depuis tout à l'heure.

D'un geste lent, il détache les lunettes sombres de l'arête de son nez, mordille un court instant l'une des branches.

— C'était il y a quelques années. Cinq ou six, je sais plus trop. Ce jour-là, je l'avais passé à Pau, avec des restaurateurs à négocier du canard. C'est le soir, quand je suis rentré, que Betty m'a raconté. Betty, c'est ma femme. En fin de matinée, elle avait reçu la visite d'un homme. Un type pas tout jeune qui s'intéressait aux mêmes choses que vous. Les derniers jours avant les Allemands, des trucs comme ça. Même que Betty lui a montré les photos. Le gars les a regardées, et puis il est reparti comme il était venu. On ne l'a plus jamais revu. Voilà, c'est tout.

Dans le rétroviseur, s'éloigne la cour de la ferme, la silhouette de Domec, un bras en l'air, une main agitée.

Sur les genoux de Samuel, l'enveloppe kraft et les photographies.

Les mots de son père du temps où il causait lui reviennent en tête. Les phrases qui racontent la grand-mère et ses talents de couturière. Les manteaux, les jupes et les vestes, mais aussi les pochettes brodées de soie que les garçons arboraient aux vestons les jours de fêtes religieuses. Les jours d'anniversaire aussi.

Marie baisse sa vitre, laisse la chaleur de l'habitacle s'évacuer un peu.

— C'est fou, toutes ces photos…

— C'est-à-dire ?

La voiture rejoint les premières maisons du centre, retrouve la départementale qui traverse le bourg.

— La quantité, en fait. C'est vrai, c'était ni un mariage, ni une grande fête de famille. Juste l'anniversaire de la patronne de l'hôtel. Ça ne vous surprend pas, vous, ces photos par dizaines ? Sans compter que les développements, à l'époque, ça ne devait pas être donné, et qu'ici, les gens ne devaient pas rouler sur l'or. Moi, ça m'étonne. Pas vous ?

Samuel revoit les albums conservés au grenier familial comme des trésors. Des portraits, des clichés de parents, proches ou éloignés, assis autour des tables ou alignés sur des perrons de fer forgé. Toute la trame des visages en guerre, des poses endimanchées réunies par centaines dans leurs boîtes aux ficelles nouées.

Il entend sa mère lui raconter l'Occupation, la peur du jour qui va suivre. Cette manière simplement argentique d'immobiliser le temps.

— Ma mère m'a rapporté que pendant la guerre, les gens avaient tellement peur de ne pas atteindre le jour d'après, de tout voir disparaître d'un coup, comme ça, sous les fracas d'une bombe ou lors d'une arrestation, qu'ils se photographiaient à l'excès. Sans doute une façon de figer les choses, de protéger les souvenirs en les fixant une bonne fois pour toutes sur du papier. C'était comme ça…

17

Lundi, quelques heures plus tard

Une entrecôte entourée de frites blafardes, un pichet de madiran et, pour conclure, un café avalé en vitesse.

Pas de temps à perdre. Au téléphone, Philippe Lacoste fut on ne peut plus précis. Qu'ils se présentent à treize heures trente tapantes, sans retard, car il a une après-midi chargée.

Marie immobilise la Clio sur la place Saint-Jean, face à la maison de briques rouges. Tout dans cette haute bâtisse, songe Samuel en descendant de voiture, tout respire le notable de province.

Le docteur Lacoste, la soixantaine élégante, dévale les escaliers dans son costume trois-pièces. Il vient à leur rencontre, main tendue et tout sourire avant de les entraîner dans un immense salon aux tentures pourpres.

Alain Domec n'a pas menti : Lacoste, quand on le lance sur l'histoire de sa famille, se fait plus irrésistible encore que le Gave en furie.

Ses parents, quelques années après la guerre, avaient déménagé l'hôtel à la sortie de la ville, rue Gaston-de-Foix. Bien plus visible, sur la route des vacances comme ils argumentaient. Soucieux de séparer leur travail de leur vie privée, ils avaient gardé la maison de briques et l'avaient transformée en demeure familiale. C'est là, qu'à la mort de ses parents, Philippe Lacoste s'était installé, réunissant, dans cette grande baraque rouge, comme il aime l'appeler, son cabinet et sa vie de famille.

Le docteur en retraite raconte l'histoire des siens. D'abord celle qu'on lui a contée, quand le monde ne tournait pas rond, bien avant sa naissance. Celle de la guerre, de sa cohorte d'angoisses. Suivent la Libération, les confettis, les orchestres, les baisers à la sauvette aux soldats mâchouillant leur chewing-gum et les femmes tondues sur les kiosques des villages en liesse. Puis vient le récit des heures de l'enfance, de la mère qui virevolte de la cuisine au comptoir, et du père, verbe haut, champion de belote. Lacoste parle, parle. Défilent les années.

Il laisse l'employée de maison emplir de café les tasses de porcelaine délicate. Il abandonne son fauteuil le temps de poser aux pieds de ses hôtes ce qui ressemble à un imposant carton à chapeaux. C'est plein de vieilles photographies, annonce-t-il.

Il se lève à nouveau, s'excuse car il a rendez-vous chez le notaire. Boucler une fois pour toutes le bonheur futur des enfants quand ils seront vieux à leur tour…

— Mais vous pouvez rester là. Le temps que vous vous plongiez dans toute cette époque, je serai de retour.

Il se lève à nouveau, leur précise qu'Armande, la bonne, est à leur disposition. Pour un café ou ce qu'ils veulent.

En haut des marches, la porte claque.

Posée sur le sol, la boîte que Samuel débarrasse de son couvercle.

Il lève les yeux vers Marie, immobile, une tasse à la main.

Tous deux sont un peu étourdis de l'enchaînement des choses. Surpris aussi de la confiance de ce Lacoste qui leur abandonne la maison.

— Décidément – c'est tout ce qu'il parvient à dire – c'est notre journée photos.

*

Contrairement aux photographies d'Alain Domec, entreposées pêle-mêle au fond d'une enveloppe, celles de Philippe Lacoste sont soigneusement rangées dans une succession d'albums.

Sur chaque recueil en simili grenat est collée une étiquette indiquant l'année où les photos ont été prises.

Samuel sort les albums un à un, les empile en tas sur le parquet.

Une fois l'année 1944 en main, il pousse le plateau et les tasses sur le côté, dépose l'album sur la table de salon et commence à tourner les pages.

Chaque photo est collée sur une feuille noire, ce qui rend lumineux le sombre et le blanc de chaque prise. Entre les pages, est intercalée une feuille de papier vélin.

Les pages et les mois se succèdent.

Avril. Le 16, c'est un dimanche. Anniversaire d'Éliane Lacoste, la mère de Philippe qui, lui, à cette époque, est encore bien loin d'être né. Ce jour-là, Éliane fête ses vingt-six ans.

16 avril 1944. Quatre jours avant la rafle. Samuel pense aux enfants, là-haut, à leurs balades dans les pâtures en pente. Aux regards inquiets des monitrices, au compte à rebours silencieux qui s'est enclenché.

Marie regarde son père d'à peine vingt-cinq ans, derrière le comptoir, qui trinque, le verre levé bien haut. Elle songe à la collaboration, à ce qu'on lui en a dit, comme à tout le monde, à l'école ou ailleurs. En une pensée fulgurante, elle traverse ses années de collège et de lycée et se fait la remarque que la collaboration, toute cette période sombre, contrairement à bien des parents, son père ne l'a jamais évoquée. Ou si peu.

Et ce silence passé, comme un vide, la dérange.

Samuel tourne une page, s'attarde aux lueurs du jour filtrées au travers des fenêtres du restaurant.

— C'est fou, remarque-t-il, la chronologie est respectée jusqu'aux heures.

— Comment ça ?

Il tourne les pages vers l'arrière.

— Regardez, là, sur les premiers clichés de la journée, à la lumière qui vient du dehors, on se doute bien que le soleil est à la verticale. Et puis toutes ces bouteilles sur le comptoir. C'est l'apéro du midi, c'est sûr.

Entre chaque page, Samuel marque une pause.

À mesure des heures, les bouteilles se vident, s'additionnent, et les joues, en dépit du noir et blanc, paraissent s'empourprer. À table, les cols se déboutonnent, les yeux deviennent pétillants.

Éliane, vedette de la journée, figure sur presque toutes les photos. Victor, son mari, s'est visiblement attribué le tire-bouchon et ne le lâche pas. Placés face à face, au bout de la table, deux couples plus âgés semblent un peu en retrait, comme spectateurs du vin qui coule, discrètement attentifs aux cris et aux chansons.

Le jeune René Ferrer a quitté son comptoir et s'est attablé avec la famille. Il a souvent le verre à la main. Sur d'autres clichés, apparaissent le père Domec et sa femme. À leurs mines, ils semblent s'amuser. Sur quelques vues posent les deux garçons, le plus souvent au sol, à jouer à on ne sait quoi. Le petit Louis Domec et sa salopette du dimanche repassée. Léon Adler, son blazer à la pochette de soie lumineuse.

— Ce qui m'intrigue, fait remarquer Marie, c'est qu'on ne sait pas qui prend les photos. Tout le monde est là, mais on ne voit jamais le photographe.

Samuel arrête de tourner les pages. Il revient même en arrière.

— Vous avez raison. Ils sont tous là. Éliane et son mari, Pierre Domec et sa femme…

Du doigt, il énumère les personnages.

— … Les quatre plus vieux, j'imagine que ce sont les parents d'Éliane et de Victor, et puis il y a votre père, et les deux garçons.

— Il y a cette jeune femme aussi, ajoute Marie, qu'on voit par moments servir à table.

— D'accord, mais si on la voit, c'est que ce n'est pas elle qui photographie.

Sur les pages suivantes, on distingue la lumière rase du soir. Les hommes ont boutonné leurs vestes, les femmes enfilent un manteau.

Les deux garçons ont abandonné leurs jeux et posent maintenant, debout et droits, dos au comptoir.

Marie fronce les sourcils.

— Attendez, je voudrais vérifier quelque chose.

Elle revient en arrière, compare les photographies.

— On dirait que votre père a perdu sa pochette…

En effet, de la poche de son blazer la pointe blanche de l'étoffe a disparu.

Samuel consulte la page suivante. Sur les derniers clichés, on aperçoit le petit Léon, à quatre pattes sous les tables, l'air préoccupé.

— Vous avez raison, Marie. Visiblement, il l'a égarée.

Sur une des dernières photos – on a dû exiger des enfants qu'ils posent une ultime fois – dans le regard de Louis Domec, la fatigue. Dans celui de Léon, une forme visible d'inquiétude. Une crainte.

Samuel sent la sueur lui tremper le cou. Il ne comprend pas pourquoi mais, soixante-dix ans plus tard, l'absence de ce bout de tissu l'inquiète, lui aussi.

— Ça n'a pas l'air d'aller ?

Sous le gilet, la chemise lui colle au dos.

— C'est cette pochette perdue. Je sais, c'est complètement idiot, mais ça me tracasse d'un coup.

Regardez l'affolement dans le regard de mon père. Cette histoire, ça a l'air de complètement le paniquer.

Marie se penche à nouveau sur le cliché, elle le pince entre ses doigts, le porte à hauteur du regard.

— Vous êtes sûr ? Peut-être que votre père s'est simplement cogné, peut-être a-t-il pleuré un peu et qu'il s'est essuyé les joues avec. Et puis, il l'a posée quelque part. Allez savoir…

Tout en écoutant Marie, Samuel tourne la dernière page de l'album.

Sans un mot, ils découvrent la photo de clôture.

Victor Lacoste, absent du cliché, a dû demander à toute la troupe de se serrer contre le bar. Une petite dernière avant le départ.

Aussi, ils sont tous là, Éliane, sa femme, la famille, les amis proches, René le barman, la cuisinière, les enfants et, au centre de la photo, le photographe invisible de la journée. Les bottes d'officier impeccablement cirées, l'uniforme sans faux-pli. Dans son regard, le gris acier de l'Allemagne.

18

Quand Lacoste rentre chez lui, à la mine de Samuel Adler, il comprend qu'un trouble s'est installé. Une tension dans le silence, quelque chose de fixe au centre des regards.

Sur la table du salon, l'album de l'année 44 est resté grand ouvert.

Le médecin en retraite fait quelques pas, distingue la photographie qui occupe une bonne partie de la page. Le comptoir, les sourires autour de l'officier de la Wehrmacht dans la lumière du soir.

— C'est ça qui vous préoccupe ? La présence de cet Allemand ?

Samuel se lève d'un coup.

— En fait, ce qui m'intrigue, c'est que cet homme a fait toutes les photos de la journée. Déjà, ça en dit long sur le degré d'intimité avec votre famille. Mais là n'est pas le problème. Franchement, il y a prescription. Non, ce qui me préoccupe, comme vous dites, c'est que mon père, petit garçon juif, je vous le rappelle, a passé des heures en compagnie de cet homme.

— Et alors ?

— Alors ? Quatre jours plus tard, les enfants de la Croix des Hauteurs étaient emmenés par les nazis. Voilà ce qui me préoccupe. Et encore, le mot est faible. Disons, qu'en fait, tout ça me met plus que mal à l'aise. Mettez-vous à ma place. La coïncidence est énorme, vous ne trouvez pas ?

Lacoste referme l'album. Il ouvre la porte à petits carreaux qui donne sur le vestibule, puis se dirige vers la porte d'entrée.

— Si vous pensez que mes parents ont un lien avec la rafle, je ne vous retiens pas davantage.

Marie s'avance vers Lacoste.

— On ne soupçonne personne. On veut juste savoir qui était cet Allemand et ce qu'il faisait là.

Elle ne quitte pas Lacoste des yeux.

— Je m'appelle Marie Ferrer. Le jeune serveur, sur les photos, c'était mon père. Et c'est lui qu'on accuse aujourd'hui. J'imagine que vous avez lu le journal.

— Comme tout le monde ici. Et alors ?

— Alors, ce qu'on veut, c'est juste la vérité, rien d'autre.

Philippe Lacoste avance jusqu'aux premières marches, invite de la main ses hôtes à le suivre.

— La vérité, c'est ça que vous voulez ? Eh bien, je vais vous la dire. Elle est d'autant plus claire pour moi que je la tiens de mes parents. Et eux, ils n'étaient pas du genre à colporter n'importe quoi.

Il descend les premières marches sans lâcher Marie du regard.

— Votre père, madame, je ne sais ni pourquoi, ni comment, mais il s'était lié d'amitié avec ce jeune officier allemand. En tout cas, c'est ce que ma mère m'a raconté. Au début, tout le monde fut étonné, vous pensez ! Mon père, ma mère, les amis, les habitants du village, tous étaient surpris. Mais quand ils ont compris les petits services que pouvait rendre l'Allemand, ils n'ont plus rien dit. Le boche, lui, à force de fermer les yeux sur les petits trafics de la campagne, il est peu à peu devenu un intime de la famille. Voilà, ça n'est pas plus compliqué que ça. Un peu comme dans toute la France de l'époque, d'ailleurs. D'autant que, d'après mes parents, l'Allemand, c'était plutôt un type bien.

D'un pas assuré, il les raccompagne jusqu'en bas du perron.

— Vous voyez, je n'ai pas connu cet homme, mais ma mère m'a si souvent parlé de lui que j'ai même fini par garder son nom en mémoire. Il s'appelait Walter Lehmann. Il était lieutenant. D'après ce qu'on a su après la guerre, il aurait disparu en avril 45, à Berlin, lors des derniers combats.

Il tire à lui le portail qui donne sur le trottoir.

— Si j'ai pu vous être utile…

Samuel et Marie se dirigent vers la Clio.

— Attendez-moi, Marie. J'arrive…

Samuel rejoint à grandes enjambées la grille que Lacoste vient de refermer.

Le vieux médecin le fixe du regard.

— Quoi encore ?

— Je veux juste savoir si quelqu'un, il y a quelques années, n'est pas venu vous voir, comme nous aujourd'hui. Un homme pas très jeune qui s'intéressait aux photos de ce fameux dimanche. Ça vous dit quelque chose ?

Lacoste semble surpris par la question. Il fronce les sourcils.

— Non, je ne vois pas.

Puis il tourne le dos, gravit les premières marches.

Samuel le regarde s'éloigner vers la porte d'entrée. Et les mots suivants lui viennent, sans préméditation.

— Je ne vous crois pas, docteur. Je pense que vous mentez. Pourquoi ?

Philippe Lacoste se tourne vers la rue.

— Tout ce que je peux vous conseiller, c'est de rentrer chez vous et de passer à autre chose. La vérité, la presse nous l'a livrée hier. Alors, qu'est-ce qu'il vous faut de plus ?

19

Dans la voiture, Samuel et Marie se taisent.

Le moteur tourne.

— Qu'est-ce qu'on fait, maintenant ? On ne va pas cuire dans ma voiture tout l'après-midi…

Seize heures à la montre de Samuel et le soleil de Pâques fait son travail de chauffe.

— Vous avez raison. On va crever là-dedans. Vous n'avez qu'à rouler et sortir du village. Dès que vous pouvez, vous approchez du Gave et vous vous arrêtez. J'ai besoin de prendre le frais et de marcher un peu.

Elle démarre, quitte la place et file vers la sortie du bourg.

— Et puis, il faut que j'appelle ma mère. Je crois qu'il y a un sujet sur lequel elle peut nous être bien utile.

La voiture passe devant l'hôtel Central, trace en direction des grottes.

*

Les neiges fondues donnent au Gave son allure furieuse.

À cette heure de l'après-midi, l'ombre des sapins gagne peu à peu les quelques aires encore ensoleillées.

Samuel et Marie avancent avec précaution entre les pierres. Lui s'assoit sur le plat d'un rocher. Elle reste debout, à un mètre de lui.

Sans rien dire, il suit du regard les branches et les troncs brisés secoués par les remous.

Marie, comme plantée entre deux pierres, semble ailleurs, emportée dans sa réflexion.

— Vous avez l'air pensive.

Ses épaules vibrent légèrement, son regard se pose à nouveau sur les choses qui l'entourent.

— Non, c'est juste votre réaction par rapport aux photographies. Je dois dire que ça me surprend un peu.

— Comment ça ?

Elle lui fait part du mal qu'elle a à saisir le lien qu'il fait, quasi indiscutable, entre la pochette soi-disant disparue, l'air renfrogné de son père-enfant et la présence de l'officier allemand.

— … Je trouve que vous allez un peu vite, c'est tout.

Samuel n'a pas encore les mots pour expliquer. Pour lui, tout se dessine, mais c'est encore flou.

— Je comprends que ça vous paraisse surprenant, mais c'est comme ça. Pour l'instant, je n'ai pas d'explication. C'est juste une intuition, une inspiration, une sorte d'instinct. Appelez ça comme vous voulez. Mais j'y crois, alors je fonce. On verra bien si les faits suivants me donnent raison. Ou pas.

Il cherche son regard des yeux. Le trouve.

— Et vous, dites-moi, votre père vous avait déjà parlé de son ami allemand ?

Marie sait que la question allait tomber. Depuis l'instant où elle a appris l'existence de cet officier, de la camaraderie entre cet homme et son père, elle sait qu'elle devra raconter le silence paternel.

— Non. Vous savez, mon père, sur les sujets liés à la guerre, c'était un vrai tombeau. Il ne m'a jamais parlé de cet homme, ni de l'Occupation. Encore moins de l'anniversaire d'Éliane Lacoste. Pour résumer, de toute cette époque, il n'a jamais rien évoqué devant moi.

— Et vous en pensez quoi ? Je veux dire, de son silence.

— J'en pense que ça ne fait pas une preuve de quoi que ce soit, mais en même temps, je trouve curieux qu'il ne m'ait jamais rien dit. Pour tout vous dire, ça me dérange, même.

— Vous pensez qu'il cachait quelque chose ?

— C'est-à-dire ?

— Je ne sais pas, moi. Quand on se tait, c'est parfois qu'on a des choses à dissimuler. Des événements dont on est peut-être pas très fier.

Elle s'assoit sur un rocher face à lui.

— J'adore la façon dont vous faites les questions et les réponses. Franchement, je trouve que, là encore, vous allez un peu vite.

— Vous semblez oublier cette lettre qu'on a retrouvée, écrite par le chef de la Gestapo de Bordeaux et qui accuse votre père.

Difficile de nier ce qui semble évident. Ces notes retrouvées, inévitablement, lui font remonter le cours de sa mémoire. Elle se revoit, c'était un soir dans la cuisine, après que sa mère était allée se coucher. Elle devait avoir dans les dix-sept ans. Elle se souvient s'être assise face à lui, et qu'à l'unique question à propos de la guerre qu'elle lui avait posée, il avait fait une non-réponse, avait eu un geste balayant de la main qui interdisait toute autre demande.

Une fin de non-recevoir. De fait, sur ces questions, elle ne s'est plus aventurée. Jamais.

Marie sait qu'elle aura toutes les difficultés du monde à altérer le poids de cette lettre. Elle sait que la seule façon d'innocenter son père, c'est de découvrir une autre piste, un chemin auquel personne n'a songé.

— Et vous, plutôt que de mettre la charrue avant les bœufs, vous ne deviez pas appeler votre mère ?

*

Dix-sept heures trente

Annah Adler n'a pas quitté la cuisine de la journée.

Quand son esprit est préoccupé, elle trouve refuge dans l'attitude simple de la cuisinière. Peler les fruits, frictionner à l'eau fraîche les légumes épluchés, rincer les chairs juteuses, surveiller les cuissons à l'affût des parfums de la Méditerranée. S'adonner aux gestes que sa mère lui a transmis, se concentrer sur chaque mouvement, chaque détail, y vouer sa raison tout entière.

Quelques heures où l'esprit se met en retrait.

Comme chaque jour, sur les coups de neuf heures, le vieux Léon s'est installé sur son fauteuil en osier, face au jardin, aux montagnes lointaines. Sur ses genoux, le journal de la veille. Il a tourné les feuillets, s'est par instants plongé dans la lecture du reportage. Jusqu'à ce que son visage s'immobilise face aux pages dépliées. Comme en apnée.

À midi, il a fait signe qu'il ne mangerait pas.

Peu avant dix-huit heures, Annah a rejoint son mari sur la terrasse attenante à la cuisine. Un vent frais s'est levé. À l'est, à l'aplomb des Pyrénées, la lumière s'est glissée jusqu'aux coteaux de Jurançon, un peu rose, un peu violette, échancrure du soir. Léon Adler a décollé le dos du dossier de quelques centimètres, a laissé sa femme lui poser un gilet sur les épaules.

— Déjà que tu ne parles plus depuis cinq ans, que tu ne manges plus depuis ce midi, si en plus tu nous attrapes la crève…

Il a tellement envie de lui dire. Tellement peur aussi. Tellement honte.

Cinq longues années à se taire.

Sur ses lèvres passe sa langue tiède. Dans sa tête, les mots font la queue, se marchent dessus, ont une telle envie de s'envoler, d'éclater à l'air libre.

Il sait leur agencement par cœur. Il a tant répété.

Pour quand ce sera le moment. Il attend. Un signe, quelque chose qui annonce ou avertit. Un événement inattendu.

Et hier, cet article. Hier, le départ de son fils avec cette femme. La fille du serveur.

Il sait les premiers mots qu'il faudra dire un jour. Il sait que c'est à son Annah qu'il les murmurera, et qu'après, il lui faudra l'étouffer sous l'oreiller. La maintenir de force, la frapper peut-être pour qu'elle se calme. Car plus jamais il n'osera croiser son regard. Jamais.

Lui dire les mots, juste une fois pour se délivrer du mal. Une fois qu'elle ne bougera plus, que son corps sera lourd quelque part sur le carrelage ou au bord du lit, comme penchée, il lui faudra prendre la voiture et rejoindre cette boucle du Gave qu'il connaît si bien, à quelques kilomètres de la Croix des Hauteurs. Il avancera dans l'eau tout habillé et se laissera emporter par les courants, emmener là où les rochers cognent, là où l'eau vous rentre de partout et submerge une bonne fois pour toutes les arêtes saillantes de la culpabilité.

Le téléphone sonne.

— J'arrive.

Elle s'éloigne vers le couloir, apostrophe son silencieux de mari.

— S'il te plaît, Léon, il faut que tu rentres. Avec ce vent, tu vas nous attraper la mort.

20

Samuel se lève, fait quelques pas dans l'herbe haute, le portable collé à l'oreille.

— C'est toi, mon grand ?

— Comment tu sais ? Je n'ai pas encore dit un mot.

— C'est comme ça, les mères avec les fils. Comme de la magie. Ça ne s'explique pas.

Et puis elle enchaîne. Lui dit qu'elle ne lui en veut pas, qu'elle comprend son départ précipité, son envie de savoir. Elle imagine bien que le silence de son père lui est insupportable et qu'il a bien le droit de réagir. Surtout après cet article qui remue le couteau dans…

— Excuse-moi de tenter une parole, maman, mais je voudrais te parler de quelque chose d'important.

— C'est moi qui m'excuse, mon chéri, je suis impardonnable. C'est vrai, après tout, si c'est toi qui m'appelles, c'est que tu as quelque chose à nous dire. Je t'écoute, mais dépêche-toi. Ton père est dehors et il commence à faire un peu frais. Et puis, tu sais, si tu veux nous parler, le plus simple serait encore que tu reviennes. On serait face à face et…

— Je voudrais te parler de la mère de papa.

Au silence qui suit, Samuel sait qu'il a réussi son petit effet.

Presque deux longues secondes.

— Tu veux parler de grand-mère Elsa ?

— Oui. Elle était couturière, je crois. C'était son métier, c'est bien ça ?

— Couturière ? Plus que ça, mon grand, plus que ça. Je ne l'ai pas connue, malheureusement, mais ton père m'en a tellement dit. Grand-mère Elsa était un véritable petit dé d'or. Elle passait son temps à habiller ses enfants et ceux du quartier. Il paraît même…

— Maman, je connais tout ça. Toi et papa, je vous ai entendus en parler mille fois. Tout que je veux savoir, c'est si tu es au courant pour les carrés en soie que papa portait parfois sur son blazer, les jours de fêtes familiales ou autres. Tu vois ce que je veux dire ?

— Oui, je vois. Mais comment tu sais ça, toi ? On n'a pas de photos de cette époque à la maison, et je crois bien que ton père n'en a parlé qu'à moi.

— Tout à l'heure, j'ai pu consulter des photographies qui datent de quelques jours avant la rafle. Papa y porte un veston gris foncé ou bleu-marine, on ne peut pas savoir, orné d'une de ces pochettes. Est-ce que tu sais quelque chose là-dessus.

Quelques secondes suffisent à Annah pour retrouver le souvenir précis.

— Je vois très bien de quoi tu parles. Si ma mémoire est bonne, je crois que dans une caisse, au grenier, on devrait en dénicher plusieurs. D'ailleurs, dès que tu rentres, je…

Le silence de son fils la fait se taire quelques secondes.

— Tu es toujours là, Samuel ?

— Oui. Merci, maman. Je te rappellerai plus tard.

Il s'empresse de raccrocher, de s'éloigner des points d'interrogation qui déjà doivent submerger sa mère. Il prend soin d'éteindre son portable, rejoint Marie qui n'a pas quitté le plat de son rocher.

— Alors, vous avez du nouveau ?

— Ma grand-mère confectionnait des pochettes pour ses petits-enfants. D'après ma mère, il en reste quelques exemplaires au grenier, dans une malle.

À l'évocation de ces bouts d'étoffe, il imagine l'officier se pencher sous la table et ramasser le carré de soie. Comme s'il avait été sur place, Samuel le voit enfouir sa trouvaille dans une de ses poches, et se demande pourquoi l'Allemand ne l'a pas rendue au petit garçon. Il va lui falloir répondre à cette question.

Marie l'interrompt dans ses pensées.

— Et pour mon père, ça changerait quelque chose ?

Samuel reprend place sur le rocher quitté quelques minutes plus tôt.

— Pour l'instant, votre père semble être en dehors de tout ça.

Il la voit sourire, serrer les poings comme on retient son émotion. Il remarque le rouge vif de ses lèvres, ses cheveux coiffés bizarrement et qui brillent dans le soleil du soir.

— Je peux vous demander une cigarette ?

— Je croyais que vous ne fumiez pas.

Il ne dit rien. Elle lui tend un paquet froissé.

Il coince la tige entre ses lèvres, dit juste qu'il faut peut-être commencer un jour, ajoute qu'il n'a pas de briquet.

Elle lui indique qu'il est dans le paquet, entre les cigarettes.

Elle le regarde aspirer la première bouffée, masquer difficilement une grimace.

— Et si vous me parliez de votre père ? Il n'a pas prononcé un mot depuis cinq ans. C'est ça ?

Samuel se lève, fait quelques pas vers la voiture avant de se retourner.

— Vous avez raison. Il est peut-être temps que j'en parle à quelqu'un.

Il sourit aux premiers mots qui lui viennent.

— Il faut bien commencer un jour, non ?

21

Pau : Unité de soins de longue durée Jean-Vignalou, lundi, dix-neuf heures trente

Louis Domec aime la dureté froide du verre contre son front. Derrière la fenêtre, le nez collé à la vitre, il finit par oublier le verrouillage du coulissant.

Jamais il ne pourra l'ouvrir, sentir l'air frais lui enrober le visage. Depuis longtemps, il a renoncé.

De sa chambre située au deuxième étage, il a abandonné l'idée de sauter dans le vide, d'entendre le son mat du corps sur le béton, le craquement des os avant que le cœur emballé ne s'arrête pour de bon.

Assis, derrière la fenêtre. Abdication.

Derrière la porte ouvrant sur le couloir, il suit d'une oreille distraite le pépiement incessant des infirmières et des aides-soignantes. Le grincement des fauteuils, aussi, les pas qui traînent sur le linoléum moucheté, les couinements des vieilles qui tardent à rentrer dans leur chambre.

Dans la tête de Louis Domec, une énième tentative de décompte des mois, des années. Chaque jour s'accroche au suivant. Les heures, comme en convoi, le conduisent vers la fin qu'il attend sans crainte et qui tarde, tarde. Qu'il aimerait tant pouvoir précipiter un jour. Ne surtout pas la laisser, cette ultime étape, échapper à son choix.

Petit garçon, il avait ordonné ses souvenirs comme on range sa chambre : chaque épisode de sa vie dans un tiroir personnel. Et quand le besoin se faisait sentir de consulter un moment en particulier, il lui suffisait alors d'ouvrir le compartiment concerné. Méthode infaillible répétée une fois de plus par Monsieur Verdier, son instituteur, le jour de la remise du certificat d'études. Depuis, les mots de l'enseignant ne l'avaient pas quitté : Chaque chose à sa place, Domec. La mémoire est une grande armoire que l'on peut solliciter à sa guise. Si d'aventure, vous laissiez le désordre s'y installer, c'est toute votre existence qui sombrerait alors dans l'anarchie la plus complète. Le chaos, Domec, le chaos…

Il y a six ans, peut-être sept, ou même dix, il ne sait plus, Louis Domec pense qu'un inconnu a cambriolé son armoire. Comme un ouragan, il a retourné les tiroirs, les a vidés sur le sol, abandonnant pêle-mêle les images ordonnées de sa vie. Louis n'en a parlé à personne, trop honteux de s'être fait vandaliser à ce point. Étrangement coupable du viol qu'il venait de subir.

Puis il a bien tenté de ranger les casiers à leur place, de replacer les épisodes de sa longue existence dans les caissons adéquats. Mais il n'a jamais retrouvé l'ordre des choses. Dans ses tiroirs virtuels, c'est une anarchie sans nom. Les dates se mélangent, les noms et les prénoms trébuchent, les événements d'à peine un jour semblent s'effacer, filer en arrière, soudain inaccessibles. Comme engloutis d'un coup par il ne sait quel gouffre.

Les deux fils ont fini par perdre patience. Il les a bien entendus ronchonner autour de la table ou tenter de faire baisser d'un ton les voix mesquines des femmes. Et puis, un matin, c'était l'année dernière, ou peut-être cinq ans, il ne sait plus, ils lui ont fait sa valise et l'ont emmené ici. Tu verras, c'est comme un hôtel, au calme, tu vas te faire des amis. C'est ce qu'ils ont dit.

Au début, ils sont venus, chacun leur tour, Alain et puis Philippe.

Et puis, ils ont fini par s'ennuyer. Faut dire qu'ici…

Maintenant, ils lui rendent visite chaque mois. Une fois Alain, une fois Philippe. Il a cru repérer que c'est le jour où l'aide-soignante arrache la page au calendrier punaisé au mur. Puis, cette impression de visite régulière s'est effacée, comme tant de choses. Désormais, quand l'un des fils pousse la porte de sa chambre, Louis le dévisage quelques secondes, cherche à mesurer le temps de la séparation. À évaluer le vide qui se creuse sous ses pas et qu'il ne parvient plus à apprécier.

Même s'il ne dit plus rien, ou si peu de choses, il est content de ne pas les voir plus souvent, ces gueules d'hypocrites aux regards impatients.

Maintenant, il est pressé de rejoindre Suzanne dans son trou, c'est tout ce qui l'intéresse. Même si dans son armoire intime on est passé du désordre au chaos, c'est lui qui décidera le jour du départ. C'est tout ce qui lui reste. Alors, il s'accroche aux journées qui se succèdent. Au choix qu'il fera, une nuit, de se barrer en douce et de marcher jusqu'en ville.

Il attendra l'heure du premier autobus pour Lestelle-Bétharram et, une fois sur la place de son village, il marchera sur le bord des routes. Une petite heure ou un peu plus, il ne sait plus mais peu importe, jusqu'aux alentours de sa ferme. Après le dernier virage, là où l'on voit les tôles métalliques des granges briller sous le ciel, il s'allongera dans l'herbe haute. Fermera les yeux, respirera un grand coup l'air de chez lui. Avant de mourir une bonne fois pour toutes.

D'emporter avec lui les ultimes secrets ; ceux du petit tiroir de l'enfance. Des chagrins à n'en plus finir…

*

Vingt-et-une heures

À cinq heures quarante-cinq précises, l'aide-soignante a posé le plateau sur la table. Soupe, poisson gris, macédoine de légumes, fromage blanc et crème caramel. Rien à croquer. Tout à déglutir.

Depuis plusieurs mois, Louis Domec ne mange plus au réfectoire. Les silhouettes vacillantes, les regards humides, les mastications sans dents, les flots de salive qui coulent sur les mentons, et surtout les cris, ces petits cris comme ceux des oiseaux qu'on prend au piège, tout ce spectacle de la vie qui fout le camp, il ne le supporte plus. Une fois, il a piqué une colère, a foutu la trouille à tout le monde, même qu'une des vieilles de la table s'est mise à hurler, à piquer sa crise jusqu'à se blesser un bras à coups de fourchette.

Les infirmières l'ont raccompagné dans sa chambre, l'ont sermonné comme un gamin. L'une d'elles a même levé la main.

Plusieurs fois, il a recommencé. Alors ils ont convoqué les deux fils, ont longtemps parlé de lui dans le bureau de la directrice. Depuis, il mange à part, dans sa chambre, comme ceux qui sont souffrants et ne peuvent se lever. Un peu en quarantaine, mais ça lui convient.

Vers dix-neuf heures, on lui baisse le volet. Lui, il aimerait bien que ça reste ouvert. Préférerait que les lueurs de la nuit s'installent dans sa chambre. Ils n'ont jamais voulu. Les volets sont baissés, c'est pareil pour tout le monde. Il ne dit rien, songe juste aux nuits de chacun. Aux rêves des vieux, aux champs de coquelicots, aux jupes des jeunes femmes à vélo, aux bals des samedis d'été, à tous ces souvenirs d'après-guerre qui, la nuit, égayent les cerveaux en fin de parcours.

Après la visite de contrôle de l'infirmière de garde, Louis allume la télé et coupe le son. Il fixe les images muettes, se laisse emporter par les destins, les tragédies d'un monde silencieux. Tard dans la soirée, il finit par fermer les yeux. En attendant que le sommeil le gagne, au fond de sa mémoire, il range comme il peut son armoire dévastée.

Souvent, il songe à Léon. Son copain de la guerre. Il se rappelle leurs cavalcades dans les bois de la Croix des Hauteurs. Leurs fous rires sans fin, leur étonnement face aux figures surprenantes des nuages, leurs joues qui rosissaient à l'évocation des jambes des filles.

Dans un des tiroirs, Louis a pu ranger dans l'ordre les souvenirs liés à l'enlèvement des enfants de *La Colonie*. Les camions bâchés fuyant sur la route de Nay, les chants que Rose, sa grande sœur, a entendus sur le bord de la route, puis la surprise qui s'est abattue sur le village. Le chagrin sur les hommes et les femmes comme un voile sombre sur la campagne.

Longtemps après la guerre, il a recroisé Léon, là-haut, le jour de la commémoration. Pendant des années, une fois par an, Léon qui comme lui grandit chaque année et lui fait un petit signe de la main. Léon Adler, son ami de la guerre, qui un jour a décidé – c'est ce qu'il suppose – de ne plus se rendre là-haut. Du moins, plus ce fameux 20 avril. Sans doute a-t-il préféré venir incognito, s'incliner seul, loin du regard des autres.

Léon habite Pau, mais il a fini par le perdre de vue. Léon, son Léon qui attendra toute une vie pour venir le voir enfin. C'était il y a cinq ans. Il en est sûr. Aucune erreur possible sur le nombre des années. Ce jour-là, quand son ami est reparti, il a arraché la page du calendrier et l'a gardée depuis. Pour que le souvenir évite de s'égarer dans son armoire-mémoire.

Léon lui a rendu visite, comme ça, sans prévenir. Soixante ans après, comme un vieil homme qui rend visite à un autre semblable. Et il lui a posé des questions. Voulait parler avec lui de ce dimanche, quelques jours avant la tragédie. Voulait savoir pour la pochette qu'il avait égarée ce jour-là en jouant. Voulait connaître le nom de celui qui l'avait récupérée. Léon n'était venu à lui que pour ça.

Parmi les casiers de son armoire, celui d'avril 44 était à peu près en ordre. Alors, il a su lui dire. Lui dévoiler un nom.

Un seul nom, c'est tout ce qu'il a su prononcer.

Et surtout pas un autre.

Et Léon est parti, sans dire un mot, comme foudroyé.

22

Lundi, Lestelle-Bétharram, vingt-trois heures trente

Samuel écoute Marie respirer. Sourit à son souffle de chat.

Après tant de mots échangés dans la voiture, entourés du soir qui tombe comme une cape, ils sont rentrés à l'hôtel, ont dîné en silence.

Une fois au lit, il s'est glissé dans les pages de Duras. S'est immergé dans la douleur de ce printemps 1945 qui découvre les convois de retour d'Allemagne, les trains venus de Silésie ou des vallons boisés de Buchenwald.

Après dix minutes de lecture, à la respiration paisible de Marie, il a compris qu'elle s'était endormie.

Pour éviter que l'ampoule un peu forte de l'applique murale ne la sorte du sommeil dans lequel elle s'est engloutie, il a éteint. A retrouvé le quadrillage noir et jaune de la nuit.

Il découvre qu'être attentif à une femme lui offre un rôle nouveau, inattendu. Une composition inconnue dont il apprend le texte au fil des heures, des situations. L'apprentissage d'une bienveillance improvisée.

Avant de s'endormir, il laisse son esprit vagabonder, circuler d'un souvenir à l'autre de la journée. Il ne quitte pas le plafond des yeux, finit par y discerner le mouchoir de soie blanche. Et la première question se pose à lui : pourquoi ce bout de tissu, infime détail noyé parmi la somme de clichés, pourquoi s'est-il imposé à leur observation sans attendre ?

C'est vrai, étalées sur la table devant eux, tant de choses à voir. Les visages des convives, la brillance des verres, des sourires, les mains des invités posées sur la table ou battant le rythme d'une chanson qu'il imagine populaire et dansante. Jusqu'à cet Allemand qui prend la pause, ne quitte pas l'objectif du gris de son regard. Et pourtant, la première chose que Marie et lui ont remarquée, c'est ce triangle de soie claire dépassant de la poche du blazer de Léon.

Samuel se retourne, remonte les cuisses contre son ventre. Il ferme les yeux, respire lentement, laisse l'air du soir lui gonfler les poumons, peut-être lui ventiler la mémoire. Jusqu'à ce que les images de ce film en noir et blanc de Steven Spielberg lui reviennent dans toute leur précision. Le manteau rouge de la petite fille au beau milieu du village polonais que massacre une section de SS. Le rouge de cette silhouette tournoie dans la lumière sombre de l'après-midi, semble ignorer les hommes et les femmes qu'on abat dans la rue, à bout portant. Cette ombre rouge qui ne quitte plus l'esprit du spectateur pendant toute la projection et qu'on retrouve, à la fin, allongée parmi les corps qu'on brûle…

Samuel sourit à l'évidence.

Le brillant de la soie, petit triangle de lumière qui accroche le regard et dont l'absence soudaine ne peut être que notée. Sans attendre. Comme une anomalie, un manque singulier, une urgence…

Puis la question suivante lui gagne à nouveau l'esprit. Un questionnement qu'il garde pour lui depuis qu'il a vu les photographies chez Lacoste. Une interrogation formulée par Marie tout à l'heure et qu'il repousse car il sait n'avoir pas de réponse précise. Mais là, au creux du lit, il sait aussi ne pouvoir se soustraire davantage. Pourquoi a-t-il établi un lien entre l'absence soudaine du carré de tissu, la mine angoissée de Léon et la présence de l'Allemand ? Pourquoi a-t-il lui-même ressenti l'anxiété le gagner presque soixante-dix ans après les événements ? L'anxiété d'un autre qui, en toute logique, devrait lui rester étrangère. Ou presque.

Pour trouver une réponse tangible, doit-il se borner à la simple étude des faits, ou faut-il qu'il s'ouvre aux mystérieuses théories de la transmission ?

Samuel ferme les yeux, concentre sa pensée sur son père qu'il sait immobile près de sa mère, à ressasser indéfiniment. Et cette absence de mots qu'il ne supporte plus, il décide de l'accueillir. De l'accepter enfin comme une parenthèse obligatoire. De concevoir la mémoire des siens comme une parcelle de patrimoine génétique. Un mal à partager.

*

Quelques heures plus tôt, quand il s'est assis dans la voiture, Samuel a observé Marie le rejoindre. Les herbes hautes jusqu'aux mollets, elle semblait onduler entre les roches saillantes.

Elle a pris place derrière le volant, allumé une cigarette, a laissé la portière ouverte.

— Alors, qu'est-ce qui est arrivé à votre père ?

Samuel a cherché les premiers mots, le début de l'histoire.

— Mon père, quand il avait huit ans, il a abandonné sa petite sœur aux Allemands.

Ça lui a semblé étrange de démarrer par cette phrase. Comme si l'histoire de son père ne débutait qu'en avril 44. Mais que faire face aux premiers mots qui s'imposent…

— Elle s'appelait Sarah.

À son tour, il a ouvert la portière. Laissé l'air presque frais de la fin d'après-midi circuler dans l'habitacle. Comme l'oxygène dans les artères encombrées.

— Elle avait six ans.

Personne ne lui a vraiment raconté. Seuls les manuels d'Histoire. Mais les mots des livres demeurent distants, empreints d'une objectivité qui finit par faire mal.

— Sa sœur, mon père l'appelait *mon petit bijou*.

À la longue, dans le silence de ses parents, il avait tout deviné, comme s'il l'avait vécu.

— Elle a été gazée dès son arrivée à Auschwitz, avec les autres. Les quarante-cinq gosses de *La Colonie* et leurs accompagnatrices.

Jusqu'au dernier mot, sans que Marie ne l'interrompe, il a su dire l'histoire de son père. La guerre, l'exode en zone provisoirement libre, les blindés nazis en zone sud. Et puis l'étoile jaune cousue, la Croix des Hauteurs, les Allemands accompagnés de la Milice. Après la guerre, le temps des orphelinats, des études, des amis de pensionnats. Puis celui des prières, chaque jour, pour les millions d'absents. Une souffrance dans la chair, un chagrin collectif. Une douleur devenue héritage, patrimoine, ADN des Juifs survivants et de ceux à venir.

Puis vint la découverte d'Israël, d'Annah aussi sur les terres de Judée. Et cette vie qu'ils ont bâtie, en France, à Pau, à une demi-heure de route de la tragédie. Ne pas être loin du lieu où cela s'est passé. Comme si cette proximité pouvait aider à comprendre.

— … Et puis, un soir, il y aura bientôt cinq ans, mon père est rentré d'une de ses promenades quotidiennes. Il faut vous dire qu'il aimait marcher seul des journées entières sans dire où il allait. On était début juillet et, comme d'habitude, j'étais en vacances chez mes parents. Avec maman, on l'attendait dans la cuisine pour boire l'apéritif. Je me souviens qu'elle était un peu énervée parce qu'il était en retard. Et puis, je l'ai entendu ouvrir le portail. À son pas dans l'escalier, j'ai su immédiatement que quelque chose n'allait pas. J'ai d'abord cru qu'il s'était blessé, mais non. Il a traversé la maison sans rien dire et s'est enfermé dans son bureau. Il y est resté deux jours et deux nuits. Ma mère a eu beau taper à la porte, questionner, s'énerver, supplier, même, il n'a pas donné signe de vie pendant quarante-huit heures. Et puis, au début du troisième jour, quand il est sorti, on aurait dit qu'il avait pris dix ans. Et depuis, il n'a plus dit un mot. Rien. Pas une syllabe.

— Vous avez consulté des médecins, j'imagine.

— Vous pensez ! Tous, on les a tous faits, mais aucun d'eux n'est parvenu à nous fournir une explication satisfaisante. Tous les examens, je vous dis, tout y est passé. Tout. Et le mutisme de mon père s'obstinait à demeurer un mystère. Une sorte de cas. Un spécimen rare. Jusqu'au jour où un professeur a pris la peine de recevoir ma mère et de lui dire que son mari n'était pas malade au sens habituel.

Samuel se tait un instant, comme grisé du débit inhabituel de ses mots.

— Et ce médecin, il avait la solution ?

— Mieux que ça, Marie, il avait tout compris. D'après lui, et il en était certain, mon père, pour une raison inconnue, avait simplement fait le choix de se taire. Pas de maladie, pas de blocage et encore moins de dérèglement neurologique. Son silence était juste une décision. Rien d'autre. Sans qu'on en connaisse la raison, il avait décidé de ne plus parler. Et ça fait presque cinq ans aujourd'hui qu'il n'a pas prononcé un mot. C'est fou, non ?

— Et vous n'avez jamais su pourquoi ?

— Jamais. Et ça n'est pas faute d'avoir cherché. Avec maman, on a tout retourné. Tout. Son bureau, sa correspondance, sa voiture, la cave, le grenier, les valises oubliées sous la poussière, le moindre tiroir, la moindre petite boîte. On n'a rien laissé de côté, rien, je vous promets. On a questionné ses amis, les nôtres, à la recherche de quelque chose qui nous aurait échappé. Un secret, un truc, même insignifiant, qu'il nous aurait caché. Mais on n'a rien trouvé. Finalement, l'été est passé, je suis rentré chez moi, à Paris, et la vie a repris. Comme si maman et moi nous étions résignés au silence de mon père. Depuis, comme toujours, je passe les vacances chez eux. Je m'occupe de ma mère, et lui, il passe ses journées tourné vers les montagnes à ruminer je ne sais quoi…

Quand le soleil a disparu derrière les premières collines, Marie s'est enveloppé les épaules d'un châle qui traînait sur la banquette arrière.

— J'ai presque froid.

Elle a semblé se réchauffer un peu sous l'étoffe, puis elle a poursuivi.

Et maintenant qu'on est venu ici, qu'on a vu toutes ces photos, vous avez une idée de ce qui s'est passé ?

Une intuition, c'est ce qui s'était installé en lui. Comme le début d'un récit, un court-métrage encore flou.

Samuel lui a dit qu'il voulait se rendre à l'Unité de soins de Vignalou. Rencontrer le vieux Domec, lui montrer les photos. Lui tirer quelques mots, un regard, quelque chose qui éclaircisse le scénario qu'il commence à imaginer. Mais pour l'instant, il préfère garder tout ça pour lui.

Au travers des planches disjointes des volets, l'intermittence des phares offre à la chambre un éclairage épisodique. Une ligne jaune balaie le plafond, disparaît un instant derrière les moulures de l'armoire, avant de quadriller le mur du fond, la couverture de son lit, et de fuir brusquement, abandonnant la pièce à la presque obscurité. Jusqu'à la voiture suivante.

Samuel ferme les yeux. Il cherche à s'affaler dans le sommeil, s'y engloutir comme un noyé. C'est sans compter la pochette claire du petit Léon. Sans compter l'angoisse du gosse, cette anxiété sur son visage. Sans compter l'ultime photographie de ce dimanche d'avril. La bouche pincée de Léon, son regard fixe planté au sol. Et le sourire satisfait de ce Walter Lehmann, son fume-cigarette coincé entre de fines lèvres.

Samuel se redresse sur le matelas. Il voit son père, assis sur la terrasse, le regard au loin, bien au-delà des collines de Jurançon.

Dans la tête de Samuel, s'obstinent les images induites par les dernières pages de Duras : les hommes amaigris qui descendent des trains, hagards, avant de tenter un sourire à celle qui attend depuis si longtemps et qui surgit et pleure. Qui regarde l'homme de retour et qui prend peur. Tant il transpire la mort, la faim, le crime sauvage.

Dans sa tête, l'image aussi du petit Léon, si petit sur la photo, si petit et tellement paniqué.

Samuel s'entend murmurer *papa*.

Plus que tout, il aimerait le serrer dans ses bras. Inverser les rôles un instant. Le protéger. Lui dire qu'il n'y est pour rien. Qu'il était juste un enfant dans un univers peuplé de monstres.

23

Pau. Même heure

Après le dîner, Annah s'est levée dans l'air frais du soir, est rentrée dans la cuisine en maudissant l'orage larvé au coin de la nuit. Léon Adler, lui, a fait celui qui n'entend pas. A ignoré l'invitation de sa femme à regagner la chambre, balayé de son silence les craquements du ciel.

Les mots qu'il ne prononce pas, tous ces mots qu'il garde pour lui, Léon Adler aime se les répéter en silence. Les poser un à un, vaguement alignés et les laisser s'étendre dans sa tête, former de bien curieuses rimes. De n'être pas dits, les mots, dans l'esprit de Léon, adoptent des formes, des couleurs. Tracent une surprenante cartographie de son mutisme.

Parfois, à force de poser un regard insistant sur les divers paliers de l'horizon, de passer des toitures de la ville aux lignes électriques, de la silhouette indécise des montagnes aux traînées rectilignes de kérosène qui divisent le ciel, il lui arrive de voir des lettres s'afficher et s'accorder entre elles. Des mots comme des enseignes lumineuses. Des avertissements dont il est seul à pouvoir lire la menace.

En fin d'après-midi, quand Annah a décroché le téléphone, à la lueur soudaine de ses yeux, il a compris que c'était Samuel.

Quand il a entendu le mot *pochette*, il a cru avoir mal compris. Il s'est même levé, s'est approché d'elle en faisant mine de saisir quelque chose sur la table.

Puis, il a entendu le mot une seconde fois.

Il a repris place dans le fauteuil de rotin, a renoncé au comptage des battements désordonnés de son cœur. Il a fermé les yeux, a basculé dans l'irrésistible recul du temps.

*

16 avril 1944. De sous la table où il se niche, les jambes des grands semblent danser autour de lui. Les voix, venant de plus haut, paraissent plus fortes encore. Des voix et des rires qui respirent la bière, transpirent les vins de toutes les teintes. Ses yeux ne quittent pas le carrelage, font le tour de chaque pied de table, de chaque chaise plus ou moins ordonnée. Pour la énième fois, il fouille ses poches, retourne

celles de son pantalon de flanelle, glisse les doigts dans chaque interstice de son blazer.

Dans la salle, les voix s'impatientent, on le cherche pour la photo, la dernière du jour. Il sent son ventre se creuser, n'ose même plus penser. Rejette à plus tard la cohorte des hypothèses. La soie blanche brodée de son nom et prénom tombée aux mains d'un inconnu. Confectionnée par les doigts de sa mère, du temps où elle levait les yeux jusqu'à lui, interrompait son travail quelques secondes pour l'embrasser en riant, mon fils, mon fils…

Il rejoint les autres collés au comptoir, se glisse là où on lui dit. Sur son épaule la main fine et longue de l'Allemand.

Il pense à ses parents, à l'étoile cousue aux vestons et aux robes, songe aux regards des hommes en uniforme qu'il croise sur les trottoirs. Aux soldats ennemis qui rient de lui comme ceux qui en savent long.

Il a envie de hurler.

Cette pochette égarée en un quart d'heure de jeu, il ne l'a pas sentie glisser, encore moins virevolter jusqu'au sol. Il a fouillé partout, n'a négligé aucun recoin. Quelqu'un l'a ramassée. Il en est sûr.

Quatre jours plus tard, les camions sont montés jusqu'à la Croix des Hauteurs, ont emporté les enfants sous leurs bâches verdâtres ? Comment…

*

Il est des ouragans qui ravagent tout, suppriment jusqu'à la trace de l'instant d'avant.

De sa mémoire, ils ont effacé ce dimanche d'anniversaire. Totalement. Pendant des décennies.

Enfoui il ne sait où, au plus profond de sa conscience. Dans l'ombre de sa géologie de l'oubli.

Pour tenter de construire une vie, il y eut tant d'autres choses à retenir que cet épisode. Tant de choses auxquelles s'accrocher. Tant de sillons à suivre, de bonheurs à faire naître.

Jusqu'au jour, c'était il y a presque cinq ans, où Annah lui demanda de se joindre à elle et de ranger le grenier. Une envie d'ordre, soudaine et pressante comme seul l'esprit des femmes sait parfois s'encombrer. Ce matin-là, c'est ce qu'elle a prétendu, elle est montée là-haut, n'a pas supporté la vue de la poussière sur les caisses abandonnées. *Allez, viens. On va sortir tout ça.*

Léon n'a jamais su lui dire non. Alors…

Courbés par l'effort, ils ont descendu les quatre malles par les escaliers, ont aligné le tout sur la terrasse. Des bagages d'autrefois qui l'ont suivi sans qu'il y prenne gare.

Dans la troisième caisse, coincée entre deux couvertures depuis plus de soixante ans, un petit sac de toile soigneusement fermé.

Les doigts d'Annah ont dénoué le cordon, extirpé deux carrés de tissu blanc qu'elle a dépliés avec soin. À chacun des angles, son nom et prénom en lettres brodées. Dessous, au fil bleu, les triangles ordonnés de l'étoile de David.

Dans sa tête, c'est un film oublié qu'il vient de retrouver.

Les images de ce dimanche si lointain, brusquement présentes.

Si proches en fait.

Les bouteilles et les rires, les heures à jouer avec Louis Domec, les glissades insouciantes et le carré d'étoffe claire qui se faufile quelque part et qu'il ne trouve pas. Et cet Allemand qui pose une main sur son épaule.

La peur nichée comme un oiseau dans la gorge.

Une fin d'enfance.

24

Lundi, vingt-trois heures quarante-cinq

— Bon, tu viens, Léon. Il est l'heure d'aller se coucher. Qu'est-ce qui t'arrive, ce soir ? Tu ne vas quand même pas passer la nuit dehors !

Annah s'avance jusqu'au fauteuil, pose une main sur son épaule.

— Tu vas vraiment attraper ce qu'il ne faut pas. Allez, on rentre.

Comme chaque soir, il s'est allongé sous le drap, a laissé à sa femme le soin d'éteindre la lumière.

Et puis, elle s'est tournée sur le côté, a dit que Samuel passerait demain après-midi. Elle a relevé qu'elle avait senti leur fils énervé, apparemment à cause d'une histoire de pochette. Elle n'a pas trop compris, a ajouté tu sais, comme celle que ta mère vous cousait…

Puis, elle a fermé les yeux, a laissé sa poitrine se calmer, a retrouvé sans peine le sommeil avec qui elle avait rendez-vous.

Dans le calme de la chambre, Léon a fermé les yeux à son tour. A entamé le voyage en arrière, suivi l'abrupt chemin des souvenirs.

Il y a cinq ans, il y eut le jour d'après. Un cataclysme.

Le lendemain de la découverte dans la malle, il avait filé tout droit chez les Domec. Une fois garé dans la cour, il avait gravi les marches luisantes, cogné à la porte de bois.

C'est Betty, la femme d'Alain, qui lui avait ouvert. Étonnée de voir ce vieux monsieur devant sa porte, elle l'avait fait entrer, lui avait offert une tasse de café avant de lui demander ce qu'il voulait. Elle était seule à la maison. Son homme était à Pau, en négociation, c'est ce qu'elle avait dit.

Lui, il lui a parlé de ce dimanche d'avril 44, le 16 précisément. Quatre jours avant les événements. Il lui avait demandé si elle était au courant, si on avait déjà évoqué devant elle ce fameux jour d'anniversaire. Évidemment, elle avait même fait plus qu'en entendre parler. Comme les autres, pas question d'échapper à l'histoire familiale, à tous ces souvenirs qu'on remue une fois de plus, une fois de trop, quand le passé débarque à table à l'heure du digestif.

D'une armoire, elle avait sorti une enveloppe remplie de photos. Lui avait dit que c'est tout ce qu'ils avaient conservé de cette époque.

Il les avait posées en tas devant lui, les avait étalées avec prudence jusqu'à trouver celles de l'année recherchée. Puis celles du fameux 16 avril.

Une fois les clichés alignés sur le bar, il avait examiné les vues aux bords écornés et jaunis. La rangée de bouteilles vides, les figures hilares, lui et Louis, petits garçons à faire les corniauds de service, et la soie blanche qui dépasse de la poche de son blazer.

Quelques photos plus loin, le regard des hommes et des femmes brillent dans le soir qui s'annonce, l'officier allemand sourit d'un air lointain, René Ferrer débarrasse la table. Sur une des dernières photos, dans son regard de petit Léon, toute l'anxiété possible.

Avant de partir, il avait glissé le cliché dans sa poche.

Betty lui avait expliqué que le vieux Louis n'était plus à la maison. Il avait perdu la tête, c'est ce qu'elle avait dit, et ne pouvait plus vivre ici. Depuis quelques mois, il était à Vignalou, une unité de soins près de l'hôpital de Pau.

Sur le buffet, posé dans un cadre, un portrait de Louis, peu avant son départ. Un vieux au regard un peu perdu, au sourire qui ne veut plus dire grand-chose.

Quand Léon est remonté dans sa voiture, il n'a pas hésité quant à la route à suivre. Louis, son vieux Louis…

On ne sait pas ce qui se passe dans la caboche des vieux quand ils se mettent à dérailler. Peut-être a-t-il gardé en mémoire une fraction de ce dimanche, un geste, un sourire inquiétant, une grimace, un soupçon de soupçon…

*

Ce jour-là, quand il était entré dans la chambre, l'infirmière lui avait dit qu'il avait de la chance, que c'était l'heure des visites.

Quand il avait demandé si Louis en recevait beaucoup, elle s'était contentée de hausser les épaules.

Elle avait dit, si vous arrivez à en tirer quelque chose…

Elle les avait laissés là tous les deux dans le blanc dépouillé de la chambre.

Léon avait fait le tour du fauteuil. À la taille de Domec, les infirmières avaient noué un drap, serré comme il faut afin d'éviter qu'il se lève et ne s'égare dans les couloirs.

Louis était endormi, menton appuyé contre la poitrine, bouche entrouverte. Sur son cou, la salive jusqu'au bavoir noué sur la poitrine.

Léon avait tiré une chaise à lui.

Il s'était penché sur Louis, lui avait parlé à l'oreille. Lui avait dit les mots d'avant, de ceux qui les faisaient éclater de rire en dévalant les montagnes.

Louis Domec avait ouvert un œil, tenté de redresser la tête. Il regardait autour de lui, puis revenait au visage de Léon.

Léon lui avait dit qu'il ne rêvait pas. Que c'était bien lui, Léon Adler, son vieux pote de la guerre. Qu'il était venu lui dire bonjour, prendre de ses nouvelles.

Lui demander un service, aussi.

Louis avait les yeux grands ouverts. Il écoutait Léon lui parler, avait fini par sourire et faire oui de la tête.

Léon sortit la photo, la montra à Louis.

— Tu te souviens de ce dimanche ?

Il lui désigna la date écrite au verso du cliché.

— Tu te souviens ? C'était l'anniversaire d'Éliane. Éliane Lacoste, la patronne de l'hôtel, sur la place.

Louis cessa de sourire. Son regard ne faisait plus qu'allers-retours de la photo au visage de Léon.

— Tu te rappelles de la pochette de soie que j'avais perdue ? Tu te rappelles ?

Louis murmura *pochette*.

Deux fois.

Puis il fronça les sourcils.

— Tu te rappelles comme on avait cherché ? Hein, tu te rappelles ?

Louis ne dit rien, attendant la suite.

Léon se rapprocha de lui, ne quitta plus son regard et lui parla doucement.

— Écoute bien ce que je vais te dire, c'est important.

Louis sembla bloquer un instant sa respiration.

— C'est ça, mon Louis, ne quitte pas mes lèvres du regard. Avec le temps, tu vois, je me suis dit que toi, le guetteur des pâtures, avec ton sens de l'observation, eh bien je me suis dit que tu avais peut-être vu qui l'avait ramassée. Et que peut-être tu n'avais jamais osé le dire. C'est vrai, avec tout ce qui est arrivé par la suite, il y avait de quoi avoir peur de parler. Non ?

Léon lui montra à nouveau la photo, fit glisser un doigt sur chaque visage. Ils étaient tous là, devant le comptoir, les Domec père et mère, Éliane et Victor, les restaurateurs, les beaux-parents, les deux gamins côte à côte, sans oublier René Ferrer et l'Allemand aux mains fines et blanches.

— Tu comprends ce que je te dis, Louis ? Qui a ramassé ma pochette ? C'est ça que je veux savoir. Le nom de celui qui l'a ramassée après qu'elle soit tombée.

Louis souleva la main de son genou, désigna de l'index le jeune officier de la Wehrmacht.

De ses lèvres tremblantes, *l'Allemand, c'est l'Allemand…*

*

De la pointe des pieds, Louis a fait glisser son fauteuil jusqu'à la vitre coulissante.

Deux étages plus bas, sur le trottoir trempé d'averses, il a vu Léon Adler sortir de l'établissement, traverser le parking jusqu'à sa voiture. Il a remarqué les pas chancelants de son ancien ami, comme sonné.

Il l'a vu refermer la portière, poser le front sur le volant. Accuser le coup.

Au travers du pare-brise, il a même cru voir les épaules trembler sous le sanglot.

Quand la voiture a disparu derrière les arbres, il a su que le mal fait n'était pas réparable.

Il a pensé à son propre père, à René Ferrer aussi, à tous les pauvres types de ce temps-là.

Et puis, il a pleuré.

25

Pau, mardi, onze heures.

Au grand giratoire, face à l'entrée de l'hôpital François-Mitterrand, ils s'écartent vers la droite, puis traversent de petits parkings bordés d'arbres et de haies. Attentifs, ils cherchent le panneau indiquant l'Unité de soins de longue durée.

Au milieu des annexes hospitalières, ils croient un instant s'être perdus, font demi-tour, en sens inverse explorent les allées.

Quand Samuel indique l'écriteau, Marie glisse la petite Renault entre deux voitures.

Après quatre ou cinq marches, de larges portes vitrées ouvrent sur un imposant hall d'entrée.

Dès les premiers pas, une odeur de vieillesse. Tenace sous la Javel des carrelages. Impossible d'y échapper. Se jouant des murs, des étages, un relent d'étoffes souillées, de soupe froide, d'urine stagnante. Les vies à la dérive ont leurs parfums.

Samuel s'avance jusqu'à l'accueil. Quelques mots pour dire qu'il a téléphoné ce matin et qu'ils sont attendus.

L'ascenseur jusqu'au deuxième étage.

La porte coulisse face au bureau des soignants. Une infirmière au sourire poli leur dit que la surveillante est en réunion, qu'elle ne va pas tarder.

Elle les invite à attendre dans le petit hall face à la porte de l'ascenseur. Elle maintient le sourire, tente une discussion, une explication du lieu, un peu comme une guide. Elle leur apprend que les patients qui sont ici ne rentrent que très rarement chez eux, que certains sont là depuis près de vingt ans. Elle dit qu'ils ne sont pas malheureux, qu'ils ne se rendent pas compte. Ou si peu. Sans raison apparente, elle précise qu'elle vient d'un autre univers professionnel, qu'elle n'est là que depuis trois ans. Elle ajoute que les premiers soirs, quand elle rentrait chez elle, elle ne pouvait s'arrêter de pleurer. Mais on se fait à tout.

Même aux fins d'existences étiolées, ne peut s'empêcher de penser Samuel.

L'infirmière parle à voix basse, comme dans les bibliothèques.

Après avoir épuisé la liste des informations qu'elle peut délivrer, elle regagne son bureau, toute cette paperasse qui fait obstacle. Sa cage de verre, de tiroirs et d'ordinateurs. Son sas de survie.

De part et d'autre, un couloir rectiligne mène aux chambres.

Parviennent les odeurs de soupe, de produits laitiers. Les bruissements huilés de la mécanique hospitalière. Potages, yaourts, crèmes caramel, grincements des chariots à roulettes chargés des plateaux-repas à distribuer.

— Ça va, Samuel ? Vous avez l'air crispé.

Il s'étire, détend comme il peut les muscles de son visage, tente d'effacer les rides qui lui plissent le front.

— Non, non. Ça va, Marie. Ça va. C'est juste ces odeurs, ça me donne mal au cœur. Et puis tous ces gens qui parlent à voix basse. Même nous.

Le reste, il le tait. Sa peur de découvrir la vie qui se débine derrière les portes, de voir les gens, bouche bée, endormis au creux des fauteuils. Peur d'entendre les cris, les piaillements des vieilles comme ceux des oiseaux qu'on étouffe, peur de croiser les regards, le noir implacable des pupilles. Tous ces yeux qui vont le suivre, ne pas le lâcher, et puis les autres, perdus, qui ne le verront pas.

Dans le couloir, le pas de la surveillante, sa voix plus forte que les autres. Un ton au-dessus, comme dans la rue. Juste normale.

Elle est ronde et souriante, fait avec les mains des gestes de danseuse. Cette femme respire d'emblée celle qui connaît ses dossiers, qui a depuis longtemps vaincu toutes les craintes. Samuel se dit qu'on s'en ferait facilement une amie. Il la trouve rassurante.

Elle les dirige jusqu'à son bureau. Se lance à son tour dans la présentation des lieux. Ici, rares sont les chambres individuelles. Ça ne rend pas la vie facile. Elle raconte la litanie des incompréhensions, celui qui essaie de dormir quand l'autre monte le son de la télé, celui qui veut juste rêver quand l'autre pousse le volume un soir de foot, celui qui aimerait fredonner une ancienne chanson quand l'autre peine à s'endormir, celui qui pleure sous les draps quand l'autre s'abandonne à de petits rires sans fin.

Ici, on soigne les souffrances de l'âge. Alzheimer, troubles cognitifs profonds, AVC, fractures osseuses, sclérose en plaques invalidante. Les vies en repli ont aussi leur vocabulaire.

— … En revanche, pas d'Alzheimer déambulant, le lieu n'est pas sécurisé. Comme on dit, on n'est pas équipés pour. Ce qu'il faut savoir, c'est qu'ici, quasiment aucun de nos pensionnaires ne peut se déplacer seul.

La surveillante sourit au visage tendu de Samuel.

— Mais vous savez, ce n'est pas l'enfer. Loin de là. On vit même de grands moments. On rit, on blague avec les patients. Et puis, quand le personnel a le temps, parce que vous savez, ici c'est comme partout, on est en sous-effectif, eh bien quand elles ont le temps, les filles, il y a des sacrés moments de partage, de tendresse, même.

Elle se lève soudain.

— Bon, je vous emmène chez monsieur Domec.

Elle ouvre la porte de son bureau, passe devant eux dans le couloir.

— J'avoue, poursuit-elle, que ce matin, au téléphone, je n'ai pas très bien compris. Vous êtes des amis de la famille, des parents lointains, ou quoi, au juste ? Si vous pouviez m'éclairer…

Samuel se racle la gorge.

— En fait, c'est simple. Mon père et Louis Domec étaient amis. Ça date de la guerre. Mon père est Juif et Louis Domec, d'une certaine manière, lui a sauvé la vie.

La surveillante s'arrête face à la chambre 27.

— Votre père, c'est le petit garçon qui s'en est sorti ? Je veux dire l'unique survivant de *La Colonie* de Lestelle-Bétharram, c'est ça ? Bader, Aber, quelque chose comme ça ?

Elle ouvre la porte, ne lui laisse pas le temps de répondre.

— Ne soyez pas étonné si je vous parle de ça, mais depuis qu'il est arrivé chez nous, ça doit faire dans les six ou sept ans, l'unique histoire que monsieur Domec nous a racontée, c'est son aventure avec votre père et les Allemands. On n'a jamais su le faire parler d'autre chose. Jamais. Même si maintenant, ça fait bien longtemps qu'on ne l'a pas entendu. Vous savez, ici, le silence c'est un peu leur seconde maison…

Samuel cherche les mots, ne veut pas perdre le fil.

— C'est bien ça. Mon père s'appelle Léon Adler. Louis Domec était son ami d'enfance et si on est venu jusqu'ici, c'est parce qu'on a des choses à lui dire de la part de mon père.

La cadre hospitalière fait quelques pas dans la clarté de la chambre.

— Je ne sais pas si vous en tirerez grand-chose, vous savez. Il y a tellement longtemps qu'il n'a pas parlé. Faut dire que des visites…

Elle jette un œil au fauteuil tourné vers la fenêtre, aux poils grisonnants du crâne qui dépasse du dossier. Elle s'avance jusqu'au fauteuil, d'un geste tendre pose un bras sur l'épaule de son patient.

— Vos visiteurs sont arrivés, monsieur Domec. Je vous en ai parlé ce matin.

Immobilité silencieuse.

Elle se tourne vers Samuel et Marie, hausse imperceptiblement les épaules.

— Je vous l'ai dit, ça ne va pas être simple. Vous verrez bien. En tout cas, s'il y a un problème, n'hésitez pas à venir me chercher. Je ne quitte pas mon bureau.

Un léger flottement avant de fermer la porte.

— Je ne suis pas certaine, mais il me semble que votre père est venu le voir, une fois, il y a quatre ou cinq ans. Je vais vérifier dans le registre des visites. À tout à l'heure.

Dans le dos de Samuel et de Marie la porte se referme doucement.

26

Samuel fait le tour du fauteuil, tire une chaise à lui.

Marie le rejoint, reste debout.

Louis Domec fixe la fenêtre. Impossible de dire s'il regarde au loin, bien au-delà des arbres et des immeubles, ou si ses yeux se sont arrêtés aux transparences du verre, aux capricieuses poussières de la vitre.

— Je suis Samuel Adler, le fils de votre ami d'enfance, Léon. Léon Adler.

Traits immobiles, chairs figées.

— Si vous m'entendez, poursuit Samuel, est-ce que vous pouvez faire « oui » de la tête ?

Seules les paupières semblent vibrer. La carotide aussi, frémissante et bleue le long du cou.

— Posez une main sur son bras, murmure Marie. Parfois, le simple toucher peut être déclencheur. C'est une amie infirmière qui…

Samuel tend le bras. Sous la peau froide et fine, il perçoit le pouls, devine les voyages du sang.

Le vieil homme ne quitte pas le parking du regard.

Il passe la langue sur ses lèvres.

Marie l'interroge. Elle articule exagérément, détache les syllabes.

— Vous avez soif?

Elle emplit un verre à la carafe. Lui tend.

Domec le porte à la bouche, déglutit comme il peut, laisse un débordement d'eau lui inonder le menton.

Marie reprend le verre, le pose sur la table.

— Je suis le fils de Léon Adler. Vous comprenez ce que je dis.

À son tour, Samuel se met à parler plus lentement.

Louis Domec ferme les yeux. Il inspire profondément, imperceptiblement fait signe de la tête.

— C'est bien, Louis, c'est bien.

Samuel laisse passer quelques secondes. Un répit. Ne surtout pas le fatiguer, se coller à son rythme et ne pas le brusquer.

— Mon père est venu vous voir, il y a quelques années. Vous vous rappelez ?

Infime acquiescement de la tête.

— Je crois qu'il voulait vous parler du dimanche 16 avril 1944. Ce jour-là, Éliane, la patronne de l'hôtel Central, fêtait son anniversaire. Vous vous souvenez de ce repas ?

Domec fronce les sourcils, semble faire un effort de concentration.

— Vous vous souvenez ? Avec mon père, vous aviez passé l'après-midi à jouer autour de la table.

Samuel joint le geste à la parole, trace des cercles invisibles.

Domec ouvre la bouche, cherche une respiration plus profonde. Son front se plisse, dans ses poumons l'air chuinte entre les alvéoles.

— Montrez-lui la photo, souffle Marie. Ça lui parlera peut-être plus que les mots.

Samuel sort le tirage de sa poche.

Dernier cliché de ce dimanche. Dans la lumière douce du soir tombant, le long du comptoir s'alignent les protagonistes d'un drame qui ne semble pas se jouer.

Samuel glisse la photo entre les doigts du vieux Domec.

— Mon père avait égaré sa pochette. Vous vous rappelez de ça ?

Le vieil homme ne quitte pas l'image des yeux. Elle ressemble tant à celle que son vieux Léon lui a montrée, il y a longtemps. Il ne sait plus, hier, l'année dernière, il y a un siècle…

Il murmure, *la pochette.*

Sourit à l'évidence. Il répète le mot. Plusieurs fois.

— Oui, c'est ça. C'est bien, Louis. C'est bien.

L'aider à ne pas décrocher.

— Mon père l'avait laissée tomber en jouant. Et vous, vous avez sans doute vu qui l'a ramassée ? Dites-moi.

Louis fixe la photographie. Sourcils froncés. Intensément.

— Parce que quelqu'un l'a ramassée, poursuit Samuel. Sinon, on l'aurait retrouvée.

Et puis, sans qu'il sache pourquoi, les mots suivants lui viennent.

— Avec l'arrestation des enfants de *La Colonie* quelques jours plus tard, et leur déportation à Auschwitz, je comprends qu'à l'époque vous ayez eu peur de raconter. Tout le monde aurait eu peur, à votre place. Tout le monde. Ça se comprend. Mais maintenant, Louis, il y a si longtemps. On a tous besoin de savoir. Tous. Et mon père le premier. C'est pour ça qu'il est venu vous voir, il y a cinq ans. Hein, c'est pour ça ?

Domec pose un doigt sur la photographie, glisse sur chaque personnage. S'arrête sur l'homme en uniforme.

Une voix entre deux filets d'air.

— L'Allemand.

— Comment, l'Allemand ? Vous êtes sûr ? C'est l'officier qui a récupéré la pochette perdue ? Il faut être certain, Louis. C'est très important.

— L'Allemand, l'Allemand…

La photo glisse entre les doigts, atterrit sur le lino.

Le visage de Domec se tourne vers le parking, le regard égaré au-delà de la cime des arbres.

Marie ramasse la photographie.

Samuel se lève, marche à grands pas vers la porte.

*

Pas la patience d'attendre l'ascenseur.

Suivi de Marie, il dévale les escaliers, traverse le hall, se jette dans la chaleur de l'après-midi.

La voiture est un four.

— J'ai pas la clim.

Elle fait descendre les vitres.

— On va rouler un peu.

Ils quittent la zone hospitalière.

— Je vais par où ?

Du doigt, il pointe au loin.

— Prenez l'autoroute, direction Toulouse. À cette heure-ci, ça ira plus vite. Vous sortirez à la première sortie. C'est Soumoulou. De là, on rejoindra Nay par les collines et Lestelle-Bétharram.

Très vite, l'air entrant efface presque le bruit du moteur.

— Je peux vous prendre une cigarette ?

Il est presque obligé de crier.

Elle lui tend son paquet.

Il tire jusqu'à l'incandescence, sent le papier chauffer entre ses doigts.

Dans une poche, les vibrations de son portable. Sur l'écran, s'affiche maman.

— C'est ma mère. Un texto.

Marie s'étonne de cette femme dans l'âge qui sait semble savoir utiliser toutes les facettes de son portable.

— On voit que vous ne la connaissez pas. Ma mère, rien du monde actuel ne lui fait peur. Ordinateur, Facebook, textos et tout le reste. Elle dit toujours qu'elle veut bien mourir, mais à condition d'avoir vécu dans le bon train. Vous voyez le genre de femme…

Samuel pianote l'écran de son mobile.

— Qu'est-ce que je vous disais ! Là, elle m'envoie une photo.

Apparaît l'image nette d'un tissu de soie blanche. Au centre, le nom brodé de Léon Adler. Au fil bleu, l'étoile de David. Sur l'écran, les mots du commentaire : *j'ai sorti les pochettes de leur caisse.*

27

— Au moins, Marie, vous allez pouvoir rentrer chez vous soulagée.

À l'aide de l'allume-cigare, elle allume une clope à son tour, remonte sa vitre à moitié.

— Comment ça ?

— Ne faites pas semblant. Vous avez compris comme moi, non ?

— C'est-à-dire ? Compris quoi ?

Samuel ferme les yeux, laisse l'air tiède lui battre le visage.

Il répond d'une voix posée. Raconte toute l'histoire comme elle lui apparaît désormais.

La pochette de soie blanche a glissé autour des chaises, s'est posée entre les bottes de ce Walter Lehmann. La main longue et fine de l'officier a ramassé le tissu. Les yeux du lieutenant allemand ont vu le nom d'Adler, l'étoile juive brodée.

Samuel imagine l'officier transmettant l'information à ses supérieurs. Des enfants juifs cachés dans une bâtisse de montagne qui jouent en toute impunité, se croient à l'abri des lois raciales de Vichy. Au printemps 44, ce genre d'info, ça vaut son pesant d'or. Sans compter la gratitude de la hiérarchie.

Samuel conçoit sans difficulté ce qu'a ressenti son père lorsqu'il s'est aperçu qu'il n'avait plus son précieux mouchoir. Égaré dans une pièce que le lieutenant allemand n'avait pas quittée de la journée. Derrière son Leica, à épier chaque instant de la fête familiale.

— Vous voyez, Marie, votre père, en dépit de ses opinions pétainistes, il n'est pour rien dans cette histoire. Il n'a été qu'un témoin silencieux, comme tant d'autres.

— D'accord, mais la lettre qui l'accuse ? Vous en faites quoi de cette lettre ? C'est quand même à cause d'elle que mon père est aujourd'hui présenté comme coupable, non ? Vous semblez l'oublier…

— Je sais, je sais. Mais à cette époque, je veux dire lors des derniers mois de la guerre, j'ai lu que nombre d'officiers laissaient derrière eux des lettres afin d'innocenter leurs camarades. Ces hommes savaient très bien que les Américains ou les Russes n'allaient pas tarder à leur mettre la main dessus et qu'une fois la paix signée, compte tenu de la monstruosité des crimes de guerre, les courriers blanchissant certains hommes ou en accusant d'autres ne seraient pas du luxe. Ils tomberaient sans doute même à point.

Il jette son mégot par la fenêtre, indique la sortie SOUMOULOU.

— Mais je suis d'accord avec vous sur cette histoire de lettre. Cela mérite des précisions. Ce qui est sûr, en tout cas, c'est que ce n'est pas votre père qui a dénoncé les enfants de *La Colonie*. En fait, il n'en a pas eu besoin. Le hasard avait fait les choses.

Ils franchissent le péage, s'engagent sur la bretelle d'accès.

— Je vais vous indiquer la route jusqu'à Lestelle. Après avoir récupéré nos affaires à l'hôtel, vous me déposerez chez mes parents. Et puis, vous pourrez rentrer sur Bordeaux. Vous n'avez plus rien à faire ici, non ?

Elle a envie de lui dire qu'elle fera ce qu'elle veut, que personne ne décide pour elle. Et peut-être qu'elle a des choses à faire, ici.

Elle s'amuse aussi de ce changement d'attitude. Hier, vieux-garçon empêtré, réservé jusqu'à hésiter sur les mots, jusqu'à conclure ses phrases d'un point final parfois surprenant. Aujourd'hui, assuré, presque vindicatif. Sans doute la vérité fait-elle progresser. Mais à ce point et à une telle vitesse !

Elle le revoit, il y a deux jours à peine, descendre les escaliers, rejoindre la Clio dans la rue, ignorer le regard de sa mère, rivé à son dos.

La mise à jour de la vérité a fait son œuvre, c'est sûr. Et le mot suivant lui vient à l'esprit, transgression. Oui, quasiment de l'insubordination…

Elle sait qu'elle lui répondra tout à l'heure, quand ils auront le temps. Elle a des choses à lui dire à ce grand jeune homme attachant de cinquante-sept ans.

Mais pour elle, l'urgence est surtout d'entendre la suite de l'histoire. Être sûre que son père soit lavé de tout soupçon.

Les arbres défilent, les bouts de ciel, le coton des nuages timides.

Difficile pour Marie de ne pas le recadrer un peu. Lui suggérer les limites.

— Vous savez, Samuel, c'est pas parce que vous avez l'impression que je ne suis pas à la manœuvre, que vous pouvez décider à ma place. Vous verrez, je suis capable de prendre l'initiative, en tout domaine et même de manière inattendue. Mais chaque chose en son temps. Et votre père, dans tout ça ?

Dans la gorge de Samuel, une boule tiède.

— Mon père…

Il se racle la gorge, respire un grand coup.

— Excusez-moi…

Il se tait un instant. Cherche les mots à poser sur l'émotion qui vient.

Les mots pour dire à voix haute, comme il se l'imagine, l'arrivée de Léon Adler, il y a cinq ans, à la ferme des Domec, au bout du chemin Nougue. Sa discussion avec Betty, la femme d'Alain Domec, et puis sa découverte des photographies.

Les mots pour raconter la visite de Léon Adler, sans doute le jour-même, à son vieil ami Louis, hospitalisé au Centre de soins de longue durée. Louis Domec qui, comme aujourd'hui, sans hésiter, a désigné du doigt l'officier allemand. Qui a fait comprendre à ce pauvre Léon que s'il n'avait pas perdu son carré de soie, jamais les enfants n'auraient été amenés jusqu'à la chambre à gaz. Du moins pas ce jour-là, et encore moins à cause de lui.

— ... Mon père, s'est lui-même déclaré coupable. Coupable de la mort des enfants et des accompagnatrices. Ce soir-là, quand il est rentré à la maison, il avait prononcé son propre verdict. Il s'était condamné au silence total. Et depuis, il n'a pas prononcé un mot.

Quelques secondes de silence.

— Vous voyez, Marie, tout ce qui me reste à faire, c'est de le prendre dans mes bras. Lui dire que ça suffit, qu'il a purgé sa peine.

Au-delà des coteaux, dans la brume orageuse de l'après-midi, la silhouette vague des hautes Pyrénées.

À nouveau, les vibrations de son portable.

Samuel jette un œil sur l'écran.

— C'est encore ma mère. Elle a laissé un message.

Il ferme la vitre. Se plaque le mobile contre l'oreille.

À la respiration de Samuel soudainement bloquée, Marie se dit qu'ils ne sont pas au bout de leur peine.

— Mon père a disparu.

— Comment ça ?

— On n'en sait pas plus. Maman me dit juste qu'elle était sortie faire une course. Pendant ce temps, il a pris la voiture et s'est enfui de la maison.

Samuel indique la route à suivre.

— C'est bon, Samuel. Depuis hier, la route, je la connais par cœur.

Bientôt, de l'autre côté des collines, la longue ligne courbe qui contourne Nay avant de s'enfoncer dans la vallée jusqu'aux premières maisons de Lestelle-Bétharram.

— Votre père est parti comme ça, sans laisser d'indications ?

— Non, rien, pas de message. Il a pris la voiture alors qu'il n'a pas conduit depuis cinq ans. Il a juste emporté les fameux coupons que cousait ma grand-mère.

TROISIÈME PARTIE

28

Janvier 1945, quelque part dans les Ardennes belges
De la ferme, on distingue à peine la silhouette dévastée.

Entre les murs béants pointent les angles saillants des poutres. Dans le ciel saturé de brouillard flotte l'ombre verticale des fumerolles.

Le lieutenant Lehmann, essoufflé, tendu aussi par la peur qui étreint, se jette contre le sol gelé. Il se redresse sur les coudes, rampe et se glisse sous un amas de pierres et de tuiles. Il veut échapper aux regards, aux mires des mitrailleuses qui labourent les sols.

Dehors, l'acier d'un char Sherman semble s'éloigner au-delà du talus. Au loin, des ordres Yankee, plus loin encore, servie par des hommes épuisés, une batterie d'artillerie allemande. Dans le ciel, le fracas des avions, les hurlements de la Luftwaffe, des derniers Stukas jetés dans la tourmente.

Malgré l'effet de surprise, malgré le nombre d'hommes, de blindés, de pièces d'artillerie, malgré la ferveur qu'il a pu lire dans les yeux des soldats, les très jeunes comme les vieux, ils n'ont pu atteindre les ponts sur la Meuse et les Américains ont su reprendre l'offensive.

Ils se sont pourtant battus comme des enragés. Ont dû reculer, céder du terrain, se résoudre à l'abandon. Derrière eux, ont laissé des ponts intacts, des villes à demi dévastées, des colonnes sans fin de soldats sans armes.

Le soir, quand il est l'heure de compter les camarades encore vivants, le lieutenant Lehmann s'efforce de ne pas penser. D'oublier un instant le suicide collectif auquel il sait désormais prendre part.

Walter Lehmann se faufile entre les gravats, traverse ce qui fut une cuisine. À genoux, il franchit une porte ouvrant sur un cellier, s'assoit, repose le dos contre un mur encore debout. D'une poche, il extirpe un paquet froissé. Des Lucky Strike ramassées sur un corps américain. Il tète avec gourmandise, laisse le tabac blond lui arracher un peu la gorge. Il songe aux collines de la Virginie, les imagine rousses. Pense aux jeunes types enlevés à leur terre et qu'on a jetés sur des bateaux pour venir jusqu'ici transpercer d'acier brûlant des ventres allemands.

Lehmann sait qu'aujourd'hui il n'a plus d'hommes à compter. Tous en charpie dans leurs fosses antichars, écrasés dans la boue, découpés par les balles traçantes ou broyés sous les chenilles infernales.

Lui, il s'en est sorti, il ne sait pas comment. Étourdi plus d'une heure, face contre la terre froide. Laissé pour mort, sans doute, abandonné au beau milieu des blessés qui pleurent, des coups de grâce qui claquent et du rire sauvage des Alliés.

Le lieutenant allume la clope suivante à l'aide de son mégot. Il vérifie le bon fonctionnement de son pistolet-mitrailleur, puis il ferme les yeux, passe les hypothèses en revue.

Première possibilité : les GI's passent dans le coin et ont l'idée de fouiller la ferme. Il n'aura plus qu'à se rendre et attendre dans un camp la fin de la guerre. Prendre patience et retrouver un jour l'Allemagne en ruine prête à se redresser.

Deuxième possibilité : se reposer quelques heures, le temps de reprendre des forces, et tenter de rejoindre une unité de la Wehrmacht ou de la SS. Ils ne doivent pas être bien loin.

Lehmann écrase sa cigarette contre le sol. Se dit qu'avec le nombre de Ricains qui grouillent dans le secteur, s'il sort, il a de bonnes chances de se faire descendre avant d'avoir eu le temps de traverser le premier champ.

Troisième possibilité : prier pour qu'une unité allemande fasse le coup de force et reprenne ce bout de terrain. Il sera alors affecté à un autre régiment et, avec un peu d'aubaine, pourra rejoindre Berlin et défendre la ville face à ces cochons de Ruskovs.

Il peut aussi espérer…

— Perplexe, lieutenant ?

Le sang se fige.

D'un geste, Lehmann braque son canon sur ce coin sombre de la pièce.

— Inutile, *Kamerad*. Je suis Allemand, moi aussi.

Dans l'angle rendu plus obscur encore par le jour qui s'effondre, l'homme recroquevillé dans l'ombre fait craquer la pierre d'un briquet.

Dans le halo vacillant de la flamme, un visage anguleux en partie recouvert de terre et de sang.

— Sturmbannfürher SS Friedrich Sommer. 29e Corps d'Armée, 167e Volksgrenadier division.

Le bras se pose, la flamme s'éteint.

Lehmann amorce un salut nazi.

— Lieutenant Walter Lehmann, mon commandant. 80e Corps d'Armée, 15e Panzergrenadier division. Je ne vous avais pas vu. Ma compagnie a été décimée et…

— C'est bon, lieutenant, c'est bon. Votre putain de journée, je la connais par cœur, c'est la même que la mienne. On a vu tout le monde se faire descendre et, au bout du compte, sans qu'on sache pourquoi ni comment, on est encore vivant. C'est bien ça ?

— Oui, mon commandant.

— Et vous comptez faire quoi, maintenant ?

Lui dire qu'il ne supporte pas l'idée d'une Allemagne envahie, violée au sortir des caves par cent mille bolcheviques. Lui dire que la défaite est inévitable, mais pas le déshonneur. Qu'il a envie de rejoindre les troupes les plus proches et de monter jusqu'à Berlin. Y retrouver Dora, sa femme et Olaf son fils de neuf ans, s'ils ont survécu aux bombardements des Anglais. Après les avoir serrés dans ses bras, avec les hommes valides, se préparer à la bataille finale.

Au souffle court du commandant SS, il se dit que cet homme est au-delà des fatigues. En bout de course. L'heure n'est plus aux discours, aux phrases scandées de la propagande. Quelques mots suffiront.

— Je ne sais pas. Rejoindre le reste de ma division, quelque part au nord de Bastogne.

Depuis que le Sturmbannfürher a décliné son identité, le nom et le prénom lui trottent dans la tête.

— Pour moi, soupire Sommer, ça s'arrête là.

Pas le temps de lui demander pourquoi. Le commandant écarte les pans de son manteau, découvre son ventre ouvert.

Lehmann se glisse jusqu'à lui, fait craquer son briquet.

Des hommes percés de part en part, depuis le début de la guerre, le lieutenant en a vu son lot. Il sait reconnaître ce gris particulier posé sur les visages quand la mort s'empare sournoisement des corps. Il connaît les plaies ouvertes, les blessures trompeuses.

— Foie perforé, hémorragie interne, murmure Sommer. Pas la peine que je me raconte des histoires. Dans moins d'une heure…

Friedrich Sommer, Friedrich Sommer. Sturmbannfürher SS Friedrich Sommer…

Et ça lui vient d'un coup.

— Bordeaux, mon commandant ! Oui, c'est ça. Bordeaux !

— Quoi, Bordeaux ?

— Haupsturmfürher SS Friedrich Sommer.

Il s'esclafferait presque.

— Comment j'ai pu oublier ? À Bordeaux, vous étiez le chef de la Gestapo. Vous étiez capitaine, à l'époque. C'est ça, hein ? Dites-moi. Avec cette putain d'obscurité, et puis tout ce sang sur votre visage, je ne vous ai pas reconnu.

Sommer rabat les pans du manteau sur son ventre. Son visage se crispe, sa respiration se fait difficile.

— Nous nous connaissons, lieutenant ? On s'est vu quelque part ?

Lehmann allume une cigarette.

— Vous pouvez m'en donner une ?

Lehmann fait craquer son briquet, lui glisse une tige entre les lèvres.

— J'étais officier de renseignement, en France. À Pau, dans le Sud-Ouest.

Il inspire une profonde bouffée.

— C'est moi qui vous ai appelé pour les Juifs de Lestelle-Bétharram. Une cache dans la montagne. Avec vos hommes, vous êtes venus trois jours plus tard. J'imagine que vous n'avez pas oublié.

29

Lestelle-Bétharram

Dans l'exigu de la chambre, chacun remise ses affaires.

Samuel fait zipper la fermeture de son sac de sport, Marie glisse une lanière de cuir dans la boucle dorée de sa valise.

Sur son lit, Samuel vide l'enveloppe du fils Domec. Il étale les photographies, les dispose en rangées horizontales. D'une poche de sa veste, il sort trois clichés « empruntés » au docteur Lacoste.

Marie ferme son bagage et s'approche.

Samuel a posé ces trois dernières photos un peu à l'écart des autres.

Sur l'une, la table apparaît en plan large, les convives autour, une coupe à la main dans la posture précise de trinquer.

Sur la seconde, Léon et Louis sont à genoux sur le carrelage. Deux ou trois charrettes miniatures alignées, un avion de fer-blanc dans une main de Louis levée bien haut.

La guerre est aussi un jeu…

Sur la troisième vue, les lumières du bar sont allumées. Toute la troupe s'est réunie pour la dernière prise de la journée. Tous agglutinés au comptoir, un peu raides, fatigués aussi de vin et de tabac, regards vacillants. Sur les lèvres de Léon, le sourire n'a pas trouvé place.

— C'est fou ce que mon père a l'air mal. On dirait qu'il est au bord du malaise. Je comprends mieux, maintenant.

Marie écoute à peine. Son attention échappe aux mots de Samuel. Son regard voyage d'une photo à l'autre. Elle appuie un genou sur le bord du lit, se penche, glisse les doigts entre les clichés. Elle saisit l'enveloppe par une extrémité, d'une main vérifie que toutes les photographies en sont sorties.

— Quelque chose ne va pas, Marie ?

Elle semble hésiter, fronce les sourcils, passe en revue les éléments de son raisonnement.

— C'est ça qui me tracasse.

Elle extrait du lot quatre clichés qu'elle dispose sur le côté.

— Voyez, ce sont les seules photos où apparaît la jeune serveuse quand elle ne sert pas. Un peu comme si elle était en pause.

Elle ponctue d'un silence.

— Et alors ?

— Sur les autres photos où on peut la voir, elle est dans son rôle de servante, un plateau ou des assiettes à la main. Sur ces quatre-là, non. Elle nous apparaît telle qu'elle est vraiment : une jeune femme d'une vingtaine d'années attirée par tout ce qui peut appâter les filles de son âge.

Samuel s'accroche aux observations de Marie, au déroulé intrigant de ses mots.

— Je ne comprends pas. Où voulez-vous en venir ?

— Regardez, c'est évident. Il me semble que sur cette photo, elle fixe l'officier Allemand d'un regard appuyé, et sur les trois autres, elle observe les deux garçons jouer. Voyez comme elle sourit. Presque de la tendresse. D'un côté, le regard d'une femme attirée par un homme, et de l'autre, un penchant naturel pour les enfants.

Elle se tait à nouveau.

— Très bien, et vous en concluez quoi ?

Elle pose sur le couvre-lit la photo qu'elle a gardée en main.

— C'est la dernière photographie de la journée. Léon, votre père, a égaré son mouchoir brodé et l'angoisse de cette perte, je suis d'accord avec vous, se lit sur son visage. Depuis tout à l'heure, vous et moi, on a le regard braqué sur lui. On ne voit que ça, la pochette manquante et cette main, celle de l'Allemand, posée sur son épaule. En revanche, le regard de cette serveuse, on n'y prête pas attention.

Samuel se penche à son tour.

Sur le dernier cliché, la jeune serveuse est au dernier rang, sans doute sur la pointe des pieds. On voit son visage fin tourné vers la gauche, penché vers le bas. Son regard tente d'accrocher celui de Léon. Et sur la bouche de la jeune femme, sur ses lèvres qu'elle mordille, une expression d'inquiétude qu'elle ne parvient pas à dissimuler.

— Vous croyez que ?...

— Oui, je crois qu'elle a remarqué l'anxiété de Léon. Sans doute qu'elle en connaît la cause, aussi.

— Vous pensez qu'elle a vu quelque chose ?

Marie se redresse et se tourne vers lui.

— Dans ce genre de repas, le rôle d'une serveuse, c'est aussi de veiller à ramasser ce qui traîne ou ce que les convives ont pu laisser tomber. Alors, je ne dis pas qu'elle a vu, je dis simplement qu'elle a pu voir. Je pense aussi que si cette femme est encore en vie, elle doit avoir autour de quatre-vingt-dix ans. Et si elle est toujours dans le coin, rien ne nous empêche de lui rendre visite.

Elle empoigne sa valise, fait quelques pas jusqu'à la porte.

— Et mon père, dans tout ça ?

Elle ouvre, avance déjà dans le couloir.

— Votre père, Samuel, il est comme nous. C'est de vérité dont il a besoin.

Il s'arrime le sac de sport à l'épaule, serre les poings pour ne pas exploser.

— La vérité ? Mais on l'a eue par le vieux Domec ! Mon père, ça fait cinq ans qu'il se l'est prise en pleine figure et nous, à peine deux heures. En plus, votre père à vous ressort blanc comme neige de toute cette histoire. Qu'est-ce qu'il vous faut de plus ? Hein ? Dites-moi…

Elle lui répond tout en descendant les premières marches.

— Je ne sais pas. Une vérification. Un témoignage de plus. Qu'est-ce que ça nous coûte ? C'est vrai, quoi, dans le fond nous n'avons qu'une seule version des faits, celle du vieux Domec. Rien d'autre que la sienne, sans aucune version contradictoire. Et moi, ça ne me convient pas.

Samuel fixe le dos de Marie qui s'éloigne déjà dans l'escalier.

La rattraper, l'empoigner par les épaules et la regarder bien en face. Lui rappeler que son père s'est enfui de la maison. Qu'il n'est pas sorti seul depuis cinq ans, et qu'il a disparu dans une fugue soudaine. Lui dire que sa mère crève d'angoisse et qu'elle a besoin qu'il rentre. Besoin de lui, son fils, pour retourner la ville, questionner les amis, tout expliquer au commissariat. N'être pas seule dans le brusque silence de la villa, et s'il faut envisager le pire, s'y préparer à deux. Lui dire aussi que ce père qu'il a envie de secouer comme un prunier depuis des années, eh bien aujourd'hui, l'urgence est de le rattraper, de le prendre dans les bras avant qu'il ne disparaisse pour de bon. Le serrer contre soi et lui dire qu'on partage. Tout. L'histoire, les hasards, les mauvaises fortunes et tout ce qui fait mal. Qu'il n'est pas seul, surtout pas. Qu'il sache qu'on portera avec lui. Toujours.

Déjà en bas des marches, elle fonce jusqu'au patron, derrière son bar à essuyer des verres.

Quand il arrive dans la salle, un peu essoufflé, elle se tourne vers lui.

— Elle s'appelle Jeanne. Elle a quatre-vingt-onze ans et vit sur la place. Pile en face de chez Lacoste.

Il aimerait lui dire stop. Lui dire qu'elle le ramène chez ses parents.

Déjà, elle est sur le trottoir, court vers sa voiture, le portable à l'oreille, à dire ses premiers mots à cette vieille Jeanne.

Malgré son énervement, Samuel ne peut s'empêcher de sourire à cette soudaine reprise d'initiative. Depuis hier, depuis qu'il a quitté la maison, accepté de monter dans sa voiture, sans doute volontairement, elle lui a laissé la décision, s'est contentée de suivre. Une stratégie délibérée d'effacement. Mais là, alors que tout semble conclu, elle reprend le volant, comme aux premiers instants de leur rencontre, veut l'entraîner dans son sillage.

30

Janvier 1945

Dans le regard gris de Friedrich Sommer, un petit lac de nostalgie.

— Non, lieutenant, je n'ai pas oublié.

Il laisse passer quelques secondes.

— Cela paraît si loin…

Lehmann écrase sa cigarette contre le sol, prend soin d'éviter l'envol de quelque escarbille.

Au regard égaré de son supérieur, il mesure les fracas intérieurs, tout ce désordre lié à l'anarchie soudaine des chronologies.

— Les choses proches nous semblent parfois lointaines, mon commandant. C'est comme ça.

— Peut-être…

— Par contre, je suis surpris que vous ne m'ayez pas reconnu. C'est vrai, souvenez-vous, quelques jours après l'arrestation de ces Juifs, vous m'avez reçu à Bordeaux, dans votre bureau. C'est là que vous m'avez tendu une enveloppe et que vous m'avez félicité. Nous avons même discuté un bon moment. Non, ça ne vous dit rien ?

Le commandant SS se plaque une main sur les lèvres, laisse la toux lui secouer le corps, le sang lui emplir la bouche. Une quinte à n'en plus finir qui le laisse KO.

De longues secondes à retrouver son souffle, cracher tout le rouge dans un mouchoir usé.

— Je suis fatigué, lieutenant. Si fatigué. Alors, vous reconnaître, vous pensez…

Il se racle la gorge, s'essuie le front d'un revers de manche.

— C'est vrai que je ne me souviens plus de votre visage. Par contre, ce dont je me rappelle, c'est d'avoir fait quelques recherches à votre sujet, juste après cette opération.

— Et alors ?

Sommer cherche ses mots, sa respiration. Son regard se fait vague, paraît se distraire du halo de buée qui fuit des bouches à chaque mot.

— Alors, j'ai appris que vous étiez aussi un faussaire. D'excellente facture, même. Je crois me souvenir que vous aviez fréquenté une école d'Art à Berlin et que vous y étiez reconnu comme un copieur hors pair. Rembrandt, Goya, Velázquez, les Italiens aussi. Rien ne vous résistait. Je me trompe ?

Sur le visage de Lehmann, le sourire un rien frondeur des arnaqueurs d'exception.

En quelques mots, lui raconter son père artisan, doué pour la peinture, qui restaurait des toiles dans les temples protestants. Ce père qui l'initia très tôt aux techniques picturales. Un jour, il devait avoir dans les quinze ans, il le mit au défi de copier un Van Gogh, *Champ de blé aux corbeaux*. Pari tenu en quelques heures.

— … Et encore vous ne savez pas tout. Après cet épisode du Van Gogh, je me suis spécialisé en faux en écritures. Au point que même une lettre de notre Führer n'y résisterait pas.

Sommer avance une main, lui saisit le poignet.

— Taisez-vous une seconde, lieutenant.

Il déglutit avec peine, ouvre la bouche, en quête d'oxygène.

— Dans la poche intérieure de mon manteau, il y a une petite sacoche de cuir. Vous y trouverez un carnet où j'ai consigné les événements importants de ces dernières années.

— Un journal de bord ?

— Si vous voulez. Mais tout ce que j'y ai écrit est faux.

Il glisse les mains sous son manteau, se replie sur lui-même.

— Ça va aller, mon commandant. Je suis là…

Le gris des yeux de Sommer a viré au sombre.

— Tout y est faux. Complètement faux.

— Pourquoi, mon commandant ? Quel intérêt de consigner des mensonges ?

Sommer trouve la force de redresser la tête. D'expliquer que ceux d'entre eux qui vont s'en sortir devront affronter leurs juges. Après la guerre, les Alliés et tous les Juifs de la Terre voudront qu'on leur rende des comptes. Et si les officiers allemands ne falsifient pas la vérité, ce sera la potence pour tout le monde.

— … Pour vous comme pour les autres.

Sa respiration se fait hésitante.

— Lisez, lieutenant, vous comprendrez. Et surtout, débrouillez-vous pour que ce carnet tombe entre leurs mains. Mais pas tout de suite. Ce serait trop flagrant. Il faudra attendre le moment opportun. C'est comme ça que vous sauverez votre peau.

Il déglutit comme il peut, du regard semble chercher au plafond le bout de ciel qui l'attend. Il ferme les yeux.

La poitrine se gonfle en vaine tentative de se remplir de l'air froid du soir. Dans la buée qui lui enveloppe les lèvres, la vie se fait délit de fuite.

*

Le froid fige les arbres, raidit un peu plus encore les hommes affaissés dans la campagne. Même la hargne à se battre semble s'être mise en veilleuse.

Le lieutenant Lehmann s'est enroulé dans le manteau du commandant. Coincé entre des caisses, il écoute les bruits de la guerre, au loin, apparemment calmée par les moins quinze degrés de janvier.

Pour se réchauffer, il allume son briquet, sous le manteau, à l'abri d'éventuelles sentinelles embusquées. À la lueur de la flamme, il tourne les pages du carnet, feuillette les chroniques mensongères de Sommer, s'arrête à celle de fin avril 44.

Il lit et sourit à l'histoire réécrite. Son nom n'est même pas cité. Juste celui de René Ferrer, serveur à l'hôtel Central de Lestelle. Ce con de français fidèle au Maréchal, jeune et empressé de livrer la colonie juive à la Gestapo contre une belle récompense.

Lehmann les revoit, comme si c'était hier, le René et l'autre, ce paysan de la vallée Nougue. Il ne peut oublier la pochette de soie blanche que Ferrer a sorti de sa poche, les lettres et l'étoile juive brodées. Leur sourire gêné, les yeux brillants à l'avance de la somme promise.

Il se souvient de ce dimanche d'anniversaire. Éliane, la patronne de l'hôtel, avant même le premier verre, lui a confié la mission de photographier la journée de fête. Dans sa voiture d'officier, il est allé chercher son Leica III, s'est réfugié derrière l'œilleton tout l'après-midi, à figer à jamais les visages tour à tour imbibés et grotesques. Des bouches tordues de rire, des bouteilles vides, des corps désordonnés et vulgaires…

Le froid s'insinue entre les plis de laine trempée. Lehmann se recroqueville comme il peut, cherche en lui une infime source de chaleur.

Il tourne les pages, se régale des mots de Sommer, de l'intelligence de leur agencement.

Soudain, pointe l'envie de rajouter un commentaire, d'imiter, comme il a coutume de faire, l'écriture de l'autre. Joindre son talent à ce tissu de mensonges en demi-teintes.

D'une poche, un bout de crayon à la mine grasse.

Quelques secondes à observer les courbes des voyelles, la trace appuyée des verticales et des horizontales. La mine crisse légèrement sur le papier, et les mots, tels que Sommer les auraient tracés, s'alignent en bas de page : *Sûr qu'après-guerre, ce René Ferrer investira son pécule dans un de ces troquets, repère de collabos dont la France profonde a le secret…*

La nuit laisse place aux brouillards glacés du petit matin. Lehmann achève de desceller une rangée de briques branlantes. Dans la cavité qui apparaît, protégé par la sacoche de cuir, il enfourne le carnet de bord du commandant SS. Puis, il replace les briques grossièrement et s'adosse contre le mur. Il imagine, dans quelques mois, les doigts d'un maçon ou d'un charpentier tourner les pages du carnet fraîchement découvert. Il voit cet homme courir chez le bourgmestre, lui confier sa trouvaille. L'abandonner au savoir-faire des traducteurs, des juges et des procureurs…

Dehors, bien au-delà du talus, les détonations se rapprochent. Bientôt, la terre tremble sous les chenilles d'un des Panzers de la division. Lehmann se glisse jusqu'à l'unique fenêtre encore debout. Sur le sentier qui file le long du fossé, les Américains hurlent et mangent la neige les uns après les autres. Le lieutenant sourit à l'offensive réussie.

31

Lestelle-Bétharram

Jeanne ouvre la porte avant même qu'ils ne sonnent.

À l'abri des volets entrecroisés, elle a guetté sur le parking l'arrivée de ses visiteurs.

Sous d'épaisses lunettes, ses yeux luisent encore d'une parcelle de jeunesse, d'un bout de vie d'avant, ineffacé.

Ses cheveux gris sont dénoués et lui battent les épaules à chaque pas. Le genre de coiffure décoiffée qui confère aux femmes dans l'âge un air gênant de négligence.

Elle leur fait traverser une suite de pièces sombres et fraîches, les escorte jusqu'au jardin et sa tonnelle de fer forgé.

Elle file dans la cuisine, revient les bras chargés d'un plateau.

En versant l'eau dans de grands verres de couleur, elle s'excuse de n'avoir ni bière, ni alcools anisés.

— Les visites annoncées sont déjà rares, alors celles qu'on n'attend pas, vous pensez…

Elle trempe ses lèvres fendillées dans l'eau verdie de menthe, pose son verre sur la table en fer-blanc. Elle pointe d'un doigt tremblant le fond de son jardin, les parterres, l'arpent de légumes plantés.

— Et tout ça, je l'entretiens seule.

Elle se tait, pèse le silence. Renonce aux mots de diversion et se tourne vers Marie qu'elle a eue au téléphone.

Ses épaules s'affaissent, sa poitrine paraît se creuser. Elle prend sa respiration.

— J'ai tant attendu. Si vous saviez. Tant espéré qu'on m'en parle avant que je parte pour de bon.

Elle se tait.

Derrière ses yeux plissés, on la devine remonter les décennies.

Samuel ne peut se contenir.

— Vous savez quoi sur cette pochette, au juste ?

Jeanne hésite un instant dans sa recherche du mot précis, de l'expression appropriée qui ne trahira pas sa mémoire.

Elle trouve le regard de Samuel.

— Le petit Léon, je veux dire votre père, il m'aimait bien, vous savez. Tout simplement, il me faisait confiance. Un jour, alors que j'avais fini de faire les chambres, il est venu me voir à cause de « ça », justement. Il avait joué tout l'après-midi, et le bout d'étoffe en avait pris un coup. Il m'a juste demandé de la laver un peu et de la faire sécher. D'une poche, je le revois encore, il a sorti le carré de tissu et me l'a confié. En fait, la pochette se composait d'une pièce de soie blanche sur laquelle sa mère avait brodé le nom et le prénom de son fils, ainsi qu'une étoile de David.

Comme s'il avait été sur place, Samuel conçoit nettement le sourire de l'officier quand il a découvert les quelques lignes de fil brodé accompagnées de l'étoile des Juifs.

— Dites-moi, vous avez bien vu qui a ramassé la pochette, ce jour-là ?

Elle se redresse, le fixe de ses grands yeux verts.

— Doucement, Monsieur le pressé. Doucement…

À petites gorgées, elle savoure une rasade fraîche.

— Oui, ce jour-là j'ai vu des choses. Et pour tout vous dire, c'est une bien vilaine histoire.

Les mots de Jeanne s'enchaînent, d'un trait. Racontent les deux garçons, Léon et Louis, à courir de pièce en pièce, mimant la guerre à grands cris d'enfants excités. La pochette blanche a fini par glisser du veston et atterrir sous la table. Le geste vif, elle l'a nettement vu, comme celui d'un oiseau de proie, de celui qui se baisse et récupère la pièce de soie.

La glisse dans une poche et trinque avec les autres comme si de rien n'était. Puis, le regard paniqué de Léon, sa peur folle.

— Je le revois encore sortir du restaurant, blanc comme un petit mort…

— Mais quand vous avez vu l'officier allemand ramasser la pochette, coupe Samuel, vous ne vous êtes pas doutée que quelque chose de grave allait se préparer ?

— L'officier allemand ? Mais vous n'y êtes pas du tout.

Sa poitrine se soulève, son souffle se fait difficile.

— C'est Pierre Domec, le père de Louis, qui a récupéré le bout de soie. Je l'ai vu. De mes yeux, vu. Je pourrais le jurer. Je le vois encore regarder le bout d'étoffe d'un air intrigué. Comme une découverte. Même qu'après avoir ramené le petit à *La Colonie*, il est revenu au restaurant. Même qu'il faisait déjà bien nuit.

Jeanne vide son verre à petites goulées, puis reprend son récit.

Elle raconte le père Domec frapper à la vitre du bar, tard dans la soirée.

De la fenêtre de sa mansarde – à l'époque, comme la plupart des employés, elle dormait sur place – elle l'a vu s'engouffrer dans le restaurant, l'a entendu grimper à perdre souffle jusqu'aux chambres du grenier. René Ferrer, le serveur, logeait dans une pièce contiguë à la sienne, et de leur conversation de ce soir-là, elle n'a pas perdu un mot.

— Faut dire que le père Domec, à cette époque, il était pas bien loin de la faillite. Pas que les affaires marchaient pas, mais le jeu, les chevaux, les femmes légères, quand ça vous tient ! Rincé qu'il était, complètement rincé. Aussi, vu ce que les Allemands promettaient pour chaque Juif livré aux autorités, le calcul a dû être vite fait.

— Je veux bien, intervient Samuel, mais ça faisait un bon moment qu'il savait pour les mômes, là-haut. Alors, qu'est-ce qui lui a pris ? Pourquoi avoir attendu si longtemps pour les dénoncer ? C'est totalement incompréhensible, cette histoire.

— Et mon père ? murmure Marie soudain blafarde. Quel rôle il a joué dans tout ça ?

— Pour tout vous dire, madame, René avait des opinions plutôt tranchées. Le Maréchal, le Maréchal, rien que le Maréchal ! Fallait pas lui parler des gaullistes, ni des communistes et encore moins des Juifs. Qu'est-ce que vous voulez, c'était l'époque. En tout cas, ce soir-là, quand Domec l'a retrouvé dans sa chambre, René l'a convaincu de dénoncer *La Colonie*. Que c'était le seul choix possible s'il voulait se sortir de ses ennuis d'argent. Moi, j'étais de l'autre côté de la cloison, et je peux vous dire que je n'en ai pas perdu une miette. Votre père, avec ses convictions, il savait argumenter, et l'autre, il était tellement dans la mouise. Pas loin de se pendre au bout d'une corde pour tout dire. C'est pour ça qu'il a craqué. Parce qu'il était à bout. Les hommes, vous savez, quand ils n'entrevoient aucune sortie de secours, aucune solution, c'est là qu'ils sont prêts à tout. Il suffit d'un rien. La pochette du petit qu'il avait ramassée, ça a été un déclencheur. Rien d'autre. Comme un fil invisible qui décide du chemin à prendre…

Samuel ne quitte pas Jeanne des yeux. Il sent Marie, près de lui, réceptive au choc dévastateur, à la déception qui va la submerger. Suivront la colère, et puis la peine.

— Sans compter que votre père, poursuit Jeanne, ça faisait un bon moment qu'il s'était lié d'amitié avec l'officier allemand. Ça a dû faciliter les choses.

Elle se tait, juste deux secondes, le temps de reprendre son souffle, de se raccrocher au défilé de souvenirs.

— Tout ce que je sais, c'est que le lendemain, dans la camionnette du père Domec, ils ont filé tous les deux jusqu'à Pau. Toute la journée qu'ils ont été partis. Même que je les revois encore quand ils sont rentrés, tard dans l'après-midi. C'est drôle, mais on aurait dit deux types bizarres, la tête un peu rentrée, comme ceux qui ont fait une grosse bêtise. Et puis, trois jours plus tard, les Allemands sont montés là-haut. On connaît tous la suite.

— Mais ça ne s'est jamais su ? explose Samuel. C'est quand même insensé, non ? Est-ce que vous vous rendez compte que Ferrer et Domec se sont rendus complices de crime contre l'Humanité ? Et vous, vous n'avez jamais eu envie de parler, jamais ?

— Vous savez, en ce temps-là, tout le monde savait pour les petits, là-haut. Tout le monde était au courant, mais personne n'en parlait. Et puis, tout n'est pas si simple…

Elle se tait, un instant. Du bout de la langue, s'humecte les lèvres.

— C'est bizarre, mais des fois, il faut peu de choses…

— Comment ça ? murmure Marie.

— Je ne sais pas comment dire. Chacun savait et tout le monde se taisait. Et puis, il a fallu ce fichu bout d'étoffe, les soucis financiers de Domec. Tout cet argent promis par les Allemands, aussi… C'est vrai que Pierre Domec était au bout du rouleau, et René Ferrer, lui, il ne pensait qu'à servir la cause du Maréchal. Qu'est-ce que vous voulez. C'est terrible, mais tout s'est combiné comme ça. Ensuite, on a continué de se taire…

Pas un mot, juste le bruit des respirations.

— Je sais, continue Jeanne, ce silence qui dure depuis plus de soixante-dix ans, ça paraît terrifiant, mais vous savez, après la guerre, on avait tous envie d'oublier, de passer à autre chose. On a tous vu le Pierre renfloué d'un coup et transformer sa ferme de fond en comble. On a tous su pour René Ferrer et son bistro tout neuf près de Bordeaux. Mais personne n'a parlé. Ceux de la Croix des Hauteurs ne seraient jamais revenus. Alors, à quoi bon…

Elle se tait un instant.

— C'est vrai que c'est pas l'envie qui m'a manqué. Je mentirais. Mais vous savez, le silence, c'est un peu le refuge des gens qui ne veulent pas d'histoires.

32

Dans le ventre de Samuel, douleur.

Un point brûlant aux creux des tripes qu'il sait identifier aux premiers signes. Souffrance du père. Transmise. Jamais apprivoisée.

Grandir dans une famille juive, c'est passer sa jeunesse à écouter des histoires de fantômes.

Peu à peu, s'entremêlent les vies d'avant et celles d'aujourd'hui.

Tous ces gens, nus au bord des fosses ukrainiennes, attendant le coup de grâce, ou bien roués de coups sur les quais brûlants de Pologne avant de se déshabiller et de courir sous les *douches*. Ces scènes, Samuel les connaît comme si elles avaient été siennes.

Mystérieuse perfusion.

Et puis, s'habituer au silence. À celui de ceux qui ne reviendront pas. À celui du père, aussi, et puis au sien, finalement. Qui isole peu à peu, coupe du sourire de celles qui parfois tendent la main et qu'on ne voit pas.

Qu'on ne voit plus.

Mais là, aujourd'hui, face à la vieille Jeanne, il a besoin de parler, de lui dire le fardeau.

Lui dire que depuis la perte de sa pochette de soie, Léon Adler n'a cessé de s'interroger sur l'identité de celui qui l'avait ramassée. Sans doute a-t-il envisagé toutes les hypothèses, imaginé toutes les solutions possibles.

— … Parce que dans la réponse à cette interrogation, voyez-vous, Jeanne, se niche la terrible question de sa culpabilité.

— Comment ça, culpabilité ? bredouille la vieille dame. Le petit Léon, il était si jeune.

— Ce qu'il faut comprendre, c'est que pour mon père, tout le problème fut de discerner le lien entre sa pochette égarée et l'arrestation des enfants de *La Colonie*. Toute sa vie, il s'est posé la question, une seule et sempiternelle interrogation : *En quoi suis-je responsable de cette tragédie ?* Voilà le seul sujet qui comptait.

L'ancienne serveuse ne quitte pas Samuel des yeux.

— Votre père n'a jamais trouvé la réponse ?

— Si, mais elle était fausse. Il y a cinq ans, il a rendu visite à Louis Domec, au centre de soins longue durée de l'hôpital de Pau. Et là, le vieux Louis, pour sauver l'honneur de son propre père, il a préféré mentir. Lui dire que c'est l'Allemand qui l'avait ramassée. Et depuis cet instant-là, mon père est convaincu d'être à l'origine directe de la rafle. D'ailleurs, depuis, il n'a plus dit un mot. Il n'est plus sorti de la maison, non plus. Jusqu'à aujourd'hui où il s'est enfui.

— Enfui ?

— Il est parti, tout à l'heure. Personne ne sait où. Il a dû comprendre que j'étais dans ses pas et que l'enquête que je mène depuis hier avec Marie Ferrer allait m'amener au même constat que lui. À sa supposée culpabilité. J'imagine que maintenant, il ne veut pas avoir à me faire face. C'est trop dur pour lui. Insupportable. Alors, ce matin, alors que ma mère était partie faire une course dans le quartier, il a pris la voiture et il a quitté la maison.

Jeanne s'adosse un peu plus contre le dossier de la chaise. Elle ferme les yeux, revoit les deux garçons jouer des après-midis entiers, enfourcher leurs vélos, rejoindre leur coin préféré, ce bout de rivière à pas vingt minutes de marche du village.

Ces images qui reviennent en tête, elle ne peut les contenir.

— Votre père était resté attaché à Louis Domec ?

— Pour tout dire, il ne le fréquentait plus depuis des années. Des décennies, même. Ça, c'est sûr. Mais toute mon enfance, j'ai entendu parler de lui. De leurs parties de pêche, de leurs jeux. Il nous en…

Dans le souvenir de Jeanne, il y a cette voie qui sort du village et qui tire vers l'est, à contre-courant du Gave. Un peu plus loin, sur la droite, cette plage embryonnaire faite de pierres et de troncs affaissés.

— Vous devriez prendre la route des grottes, coupe Jeanne. À un bon kilomètre d'ici, vous verrez, sur votre droite, une sorte de trouée entre les arbres. On y découvre un bout de Gave. C'est là que le fils Domec et votre père jouaient tout le temps.

Elle entend encore la voix du petit Léon lui raconter leurs exploits de la veille. Un bonheur simple à des années-lumière de la guerre…

— Il n'est pas impossible que votre père s'y rende. Après tout, c'est sans doute le dernier endroit où il fut vraiment heureux.

Elle reste assise, tend la main à Samuel qui s'est levé.

— Pour la pochette, vous savez…

Samuel s'approche à nouveau.

Elle rassemble ses forces.

— Eh bien, le petit, à l'époque, je l'avais vu plusieurs fois en ville avec son bout de soie au revers de son blazer. On ne voyait que ça, ce triangle blanc qui dépassait de la poche supérieure. Mais ni étoile, ni prénom ou quoi que ce soit qui aurait pu attirer l'attention. Non, rien de tout ça, en vrai. Les broderies, Léon prenait bien soin qu'elles demeurent cachées à l'intérieur de la poche. Lui, il savait qu'elles étaient sur son cœur, mais pour tous les autres, c'était ni vu, ni connu. Voilà ce que je voulais vous dire. Sa façon, à votre père, de faire sa petite part de résistance…

33

À quelques centaines de mètres de là

Quand Léon Adler traverse Lestelle-Bétharram, il ne détourne pas les yeux de la route. Il cale son dos contre le siège, serre bien les doigts autour du volant. Il ignore la place et la maison de briques rouges, laisse derrière lui l'hôtel Central, franchit le pont à la sortie du bourg sans prêter attention aux façades sombres et verticales du lycée et de son pensionnat. Il semble même ignorer la rue, sur sa droite, qui grimpe en s'enfuyant jusqu'à la Croix des Hauteurs.

Léon connaît par cœur le chemin des rendez-vous. Il faut dire qu'aux confins du village, Louis Domec et lui s'en donnaient presque chaque jour.

Combien de fois a-t-il pédalé sur la route brûlante, tout droit en direction des grottes ? Le moulinet cadencé jusqu'à cette trouée, à main droite, dans la futaie qui sépare du Gave. Jusqu'à entrevoir, au-delà des arbres en voûte, Louis, de dos, guetter la trajectoire du ricochet en cours…

Un bon kilomètre après Lestelle, le break Citroën dépasse les cabanons où, l'été, on loue des canoës aux aventuriers de passage. Léon laisse filer la vieille carcasse sur les graviers du parking, freine comme il peut sur l'herbe poussiéreuse. Il aligne le capot face à la brèche entre les arbres, serre le frein à main, abandonne les clés suspendues au contact.

Une vingtaine de pas jusqu'au bord caillouteux. Un no man's land d'argile et d'herbe spongieuse. À cent mètres, la rive d'en face. Entre les berges, les troncs couchés dans l'eau offrent toujours de hasardeux plongeoirs. Entre deux rives, les courants du Gave, leur calme illusoire, toute l'hypocrisie de l'eau.

Léon regarde le ciel, les pentes boisées, le scintillement des nappes en mouvance. Il se dit que tout change, les hommes, les mains, les peaux, la brillance des yeux. Il lui semble que tout s'est bouleversé, tout sauf ce petit bout de monde…

Léon s'assoit entre les galets, ôte ses chaussures, dévoile la blancheur du pied.

Machinal, le retroussement du bas du pantalon. Doux comme un souvenir, ce sourire quand il regarde, sur le côté, ces talus latéraux d'où ils entreprirent tant de voltiges.

D'un regard autour de lui, il sélectionne les pierres les plus grosses, emplit les poches de sa veste.

Une fois lesté, les yeux rivés sur le rivage d'en face, il fixe un buisson qui tremble sous la brise. Sans faire le compte de ses pas, il sent sur ses jambes la fraîcheur de l'eau lui atteindre les genoux.

Il se dit que de loin, il doit ressembler à un pêcheur. Sans ligne, sans épuisette, un peu vacillant.

Encore quelques pas et le froid du flot lui mord la ceinture. À quelques mètres devant lui, le courant emporte dans son flux des insectes en perdition.

34

Au même moment, au centre de soins Vignalou.

Longtemps après avoir su pour son père, Louis Domec s'est dit qu'il lui fallait écrire.

Aussi, régulièrement, au milieu de la nuit, il s'est enfermé dans le petit bureau jouxtant la cuisine, souvent jusqu'à l'aube s'est penché sur les pages quadrillées.

Des années à reproduire sans fin, à mots de paysan, le triste feuilleton de la dénonciation. Chronique à l'encre bleue de la lâcheté paternelle.

Et puis, un jour, il a tout arrêté. A compris qu'écrire c'est revenir toujours sur la même blessure. Irréparable.

Un soir de pluie furieuse, il a traversé la cour. Accompagné des chiens qui l'entouraient de rondes folles, il a confié ses cahiers à la terre argileuse du jardin. Depuis, a décidé de se taire. De mentir un jour, s'il le fallait.

De ne jamais marchander le déshonneur des siens.

*

En progressant dans le courant, Léon Adler songe à tous ceux de la Croix des Hauteurs. À ces petits fantômes qui n'ont jamais cessé d'être ses compagnons.

Il sent poindre en lui le bonheur de les rejoindre. De leur demander pardon. Il sait que sa vie, depuis avril 1944, n'a jamais eu d'autre sens que d'atteindre l'instant précis de ces retrouvailles. Le rendez-vous tant attendu des trajectoires.

Il songe à l'ours pelé de Sarah, au bleu pâle du manteau posé sur ses épaules.

Petit bijou, petit bijou…

Est enfin venu le moment de libérer sa mémoire des réminiscences assassines. L'heure attendue de tuer le souvenir.

Contre son ventre, l'écume glaciale du torrent. Il fait des efforts pour ne pas perdre l'équilibre. Préfère avancer de quelques mètres encore, rejoindre cette bande d'eau mouvante qui file devant lui.

Quelques pas prudents avant de se coucher dans le courant, de laisser l'eau des montagnes le ceinturer et l'emmener par la taille.

*

Louis Domec vient d'entendre la surveillante passer devant sa porte. Il ouvre, passe la tête dans le couloir, distingue l'infirmière en chef rejoindre ses collègues pour la pause-café.

Louis l'a déjà observée dans ce court moment de détente. A bien noté qu'elle ne fermait pas son bureau à clé.

Sur le carrelage, il fait glisser ses chaussons, s'appuie de la main gauche contre le mur. Il retient son souffle, jette un coup d'œil derrière lui, pose la main sur la poignée, pousse la porte et disparaît dans le bureau de la surveillante.

De la fenêtre au coulissant à peine ouvert, l'air chaud de l'après-midi fait frémir les papiers amassés sur un coin de bureau.

Les jours précédents, il a compté les secondes. Deux cent quarante-sept, en moyenne. Un peu plus de quatre minutes pour qu'elle fasse chauffer le jus au micro-ondes, le boive à petites gorgées brûlantes, échange les anecdotes de la matinée, distribue les consignes.

Parvenu à la fenêtre, Louis fait coulisser le vantail. Il positionne le fauteuil-cuir à roulettes sous l'ouverture. Comme il peut, il se met debout sur l'assise, sent l'oscillation incertaine de son corps, cherche l'équilibre, pose un pied sur le haut du radiateur.

Deux étages sous lui, le parking est en partie désert. Il ose le deuxième pied sur l'appui de fenêtre. D'un bref regard, brave l'aplomb direct de sa position, entrevoit l'escalier et la rampe d'accès qui mènent au sous-sol.

Louis Domec ferme les yeux. Il sait que l'acier contondant de la rampe sera sans doute fatal. Meurtrier également, l'angle bétonné des marches.

Il a une pensée pour son père. Ce Pierre des campagnes, un temps grisé par le jeu, la facilité des femmes légères quand crissent les billets froissés. Il imagine l'enveloppe offerte par l'officier de la Gestapo, l'argent lié en liasses. Il revoit cette vie nouvelle que son père s'est mis à rebâtir, écrasé de travail. Des années de labeur sans lumière. Une vie entière à étouffer la honte qui devait lui ronger le ventre. Cette secrète infamie qui, aujourd'hui, le dévore à son tour. Le mange car il n'a pu racheter la faute. Comme son père, il n'a su que se taire. À la vérité, il a préféré perpétuer le mensonge. Jusqu'à laisser partir Léon, son vieil ami accablé de boniments. En quelques mots, il aurait pu le sauver, lui décharger les épaules et l'âme une bonne fois pour toutes. Mais il a choisi de protéger la mémoire des siens. De couvrir une fois encore ce court espace dans une vie, à peine quelques heures, juste le temps de respirer, où son père a basculé dans l'impardonnable complicité.

Il est des fautes que tous les remords du monde ne peuvent effacer.

C'est comme ça…

Alors, un jour, il faut choisir. L'heure, le moyen, la seconde précise. Ultime luxe.

Imaginer le scénario, en construire à l'avance chaque plan. Posséder l'instant, c'est se venger du passé qui s'échappe. Ce temps d'avant qui se fait de plus en plus distant, jusqu'à parfois changer de visage.

Plus qu'à écrire le dénouement.

C'est l'unique carte qui lui reste en main.

Rester maître du jeu.

Dans le couloir, le pas de la surveillante.

Une poussée, infime, de la pointe du pied. L'inclinaison, légère, suffit à lui faire sentir le vide qui happe, le tournoiement du corps dans l'air chaud qui aspire. Le temps défile et change d'unité de mesure, les secondes laissant place à d'infimes éternités, à des souvenirs jaillissant comme d'une terre ouverte.

La rambarde métallique claque contre la nuque, plonge soudain le monde dans une nuit d'orage. Le béton anguleux broie les os fragiles comme des branches sèches. Ce que Louis perçoit des craquements du cartilage semble loin. Si loin déjà, masqué par l'étouffant rideau qui se déploie, laissant derrière lui ce qu'on nomme la vie.

35

Au même instant

— La Citroën !

Samuel a hurlé.

D'une embardée, la Clio de Marie quitte la route, crisse sur les gravillons avant de freiner dans l'herbe terreuse.

Lui, laisse la portière ouverte, s'enfonce dans la brèche, disparaît dans la pente brusque de la berge. Il ignore l'eau qui lui couvre les pieds, oublie les pierres qui rendent la marche périlleuse.

Sur la droite, à cent mètres environ, au milieu du courant qui éloigne, l'ombre d'un bras, d'une épaule à demi submergée.

Les gestes suivent, s'enchaînent. D'abord, une nage de chien.

Se jeter à l'eau, ignorer le tranchant des cailloux qui griffe le ventre sous la chemise. Puis les mouvements du crawl appris à la communale lui reviennent d'un coup. Battements des bras, ondulations sauvages des mollets. À intervalles réguliers, il redresse la tête, cherche au loin, à fleur d'eau, une trace flottante du père. Perçoit, au milieu des clapots, ce qui lui semble être l'arrondi d'un dos.

À droite, sur la rive, craque l'herbe folle sous le pas empressé de Marie qui tente de suivre la course.

Samuel stoppe le mouvement saccadé de ses bras.

— Prenez la voiture, Marie ! Jusqu'à Lestelle. Il y a un pont, vous verrez…

Pour mieux se propulser, il s'immerge, fait battre ses pieds tels des pales dans le courant qui entraîne. Une fois le visage hors de l'eau, il se rend compte qu'en nageant le crawl, il y voit de moins en moins. Alors, il entame une brasse. Coulée autant que violente. Les mains tendues vers l'avant, le dos contracté comme du bois, les jambes repoussant l'eau avec l'énergie du désespoir.

Entre deux brassées, Samuel pointe du regard un bout de père qui dépasse. Un bout de père ballotté par l'eau bouillonnante. Un bout de père un peu moins loin.

Il se persuade qu'une fois le visage plongé dans l'eau, la vie d'un homme peut s'accrocher encore deux bonnes minutes, peut-être trois. Qu'entre deux remous, son père peut toujours ingurgiter une dose d'oxygène. À moins qu'il ait décidé de mourir pour de bon.

*

Léon Adler se dit que de clore son existence n'est pas chose simple.

Lesté de grosses pierres, il pensait n'avoir aucune chance. N'avait aucun doute sur l'immersion immédiate qui l'attendait. Il lui suffirait de se coucher dans la rivière, de s'abandonner au courant et de fermer les yeux. Laisser au corps alourdi de cailloux le temps de se perdre entre les flots, puis entrouvrir la bouche, sentir le froid de l'eau lui gagner la gorge, ouvrir enfin ses poumons au tumulte, à la vase, à tout ce qui emporte, ensevelit.

Il n'avait pas calculé l'effet bouée de son pantalon gorgé d'eau, n'avait pas prévu que la vitesse du courant le maintiendrait au ras du Gave plutôt que de le faire couler.

Dans un réflexe d'homme encore vivant, il s'est tourné vers l'amont. Le regard au-delà des rochers qui pointent, il a reconnu la silhouette de son Samuel. Une ombre boitillante entre les cailloux qui a hurlé papa avant de plonger tête première.

Léon Adler pivote sur le ventre, enfonce le visage dans l'eau. Il prie que les pierres dans ses poches se fassent plus lourdes, que le fracas des eaux le submerge, l'entraîne en tourbillon et l'emmène comme une planche perdue quelques kilomètres en aval. Qu'on retrouve son corps, au bout du jour, enfin lavé de tout, blotti et apaisé dans une masse d'eau croupie.

Il aspire autant qu'il peut, ne parvient qu'à boire la tasse.

Au milieu des flots, la branche couchée d'un chêne.

Il ne l'a pas vu venir, ce bois qui lui fouette le visage et bloque net la fuite en avant.

*

Samuel évalue la distance qui le sépare désormais de son père à une cinquantaine de mètres.

Affaissé depuis la rive droite, le tronc immense d'un arbre couché. Juste devant son père, l'extrémité des branches affleure à peine des courants.

Samuel allonge sa brasse, ne quitte plus le crâne du père qui file droit vers la saillie de bois.

Il sourit même quand il croit percevoir le son mat du front contre la branche. Sourit à la chance, aux branchages, aux mètres d'eau franchis et qui le rapprochent plus vite qu'il ne l'aurait cru.

Les mains en avant, il protège son visage du choc, passe un bras autour des épaules du père, cherche son regard et le trouve.

— Tu ne peux décidément pas me lâcher, Samuel !

Quand la branche craque et se déchire, Samuel comprend que l'eau va reprendre les corps, les ballotter jusqu'à les perdre tout à fait.

D'une main ferme, il saisit son père par le col de la chemise, le ramène contre sa poitrine. Taire la joie qu'il a d'entendre sa voix et, comble de l'ironie, lui intimer de se taire.

— Ne dis plus rien, papa. Je t'en supplie. On rentre à la maison.

Au milieu des clapots bouillonnants, accrochés aux branches à la dérive, les deux hommes s'éloignent vers le premier méandre avant Lestelle-Bétharram.

Le vieux Samuel, collé contre son fils, se dit qu'il doit laisser faire. Qu'il s'est suffisamment battu, et que parfois, il faut savoir abdiquer. S'abandonner à ce qui se décide sans nous.

Après avoir franchi la première boucle du Gave, Léon Adler aperçoit la courbe pierreuse d'un pont. D'une voiture arrêtée, il distingue une femme sortir, escalader un parapet, descendre fesses dans l'herbe la pente raide jusqu'à l'eau. Elle s'engage dans les flots jusqu'à la taille, se saisit d'une branche qu'elle tend dans leur direction. Elle leur parle, leur dit des mots de bienveillance.

Un froid soudain lui gagne les épaules, la nuque, le visage tout entier. Il tremble comme un veau sous les pluies glacées de l'hiver. Le gémissement qui lui vient, il ne peut le contenir. Une plainte en soubresauts. Comme d'un chagrin qui déborde. Sur son fils il pleure et ne peut s'arrêter.

Samuel le serre un peu plus contre lui.

Sous ses pieds, le contact des premières pierres,

— T'inquiète, papa. Ils t'ont tous menti, tu sais. Tous.

Marie s'affale sur la terre humide. Elle regarde les deux hommes, dans les bras l'un de l'autre, recroquevillés sur les premières herbes.

— Et la pochette, Samuel ? Tu sais, celle que j'ai perdue ?

— Oui, je sais, papa. Je sais. Et ce n'est pas l'Allemand qui l'a ramassée. Ce sont les autres. Et pour Sarah et tous ceux de *La Colonie*, tu n'y es pour rien.

— Comment ça ? Quels autres ?

— Les autres, papa. Des pauvres types. Je te raconterai…

ÉPILOGUE

Le jeudi suivant

Marie n'est pas allée à la synagogue.

Elle les a regardé partir, Samuel et ses parents dans la vieille Citroën. Disparaître à l'angle de la rue, au coin de la mosquée. Filer à l'autre bout de la ville pour s'adonner aux prières de la Pâque juive.

Trois jours maintenant qu'elle a accepté l'invitation. Trois jours à partager les premiers mots de Samuel Adler, toutes ces phrases qu'il déverse désormais comme le trop-plein d'un lâcher de barrage.

Trois nuits dans la chambre d'amis à écouter les bruissements de la maison, le souffle apaisant de ceux qui dorment.

Ce matin, Annah lui a dit que c'était Pessa'h, fête juive du jeudi de Pâques.

Plus tard dans la matinée, quand Léon est sorti de sa chambre, une veste de lin écru sur les épaules, il lui a précisé qu'aujourd'hui il était conseillé de s'habiller en blanc car c'était la couleur interdite aux esclaves.

De la fenêtre de la cuisine, elle a observé Samuel, engoncé dans un costume clair bien trop juste pour lui, sortir de la voiture pour refermer le portail, non sans lui faire un petit signe de la main.

Puis elle les a suivis du regard jusqu'au premier tournant et s'est assise dans la cuisine.

Elle a repensé à la visite qu'elle a rendue à Jeanne, la veille après-midi. À la question qui la taraudait depuis leur rencontre d'il y a trois jours. Une interrogation qu'elle ne pouvait laisser sans réponse plus longtemps.

Quand la porte de bois s'est ouverte, Jeanne lui a dit, *je vous attendais*. Elle l'a guidée jusqu'à la cuisine, a tiré une chaise de dessous la table, lui a servi ce café noir qui chauffe depuis le matin.

Marie a posé la question.

— Vous qui saviez tout du projet de mon père et de Pierre Domec, pourquoi n'avez-vous pas prévenu *La Colonie* ? En quelques heures, ils auraient fait leurs bagages, se seraient éparpillés dans la nature. Alors, pourquoi ?

Sur ses genoux, les poings de la vieille se sont serrés, contractés jusqu'à faire blanchir les phalanges.

— Dites-moi pourquoi, Jeanne.

Jeanne a levé le doigt vers le buffet, a pointé le visage encadré d'un homme d'à peine vingt ans.

— Les yeux gris de Walter Lehmann, si vous les aviez vus. D'un gris… On ne pouvait pas y résister.

Et moi, j'ai craqué. Comme tant d'autres, j'imagine.

Elle a posé une main veineuse et toute tachetée sur son ventre.

— Le jour de l'anniversaire de Madame Éliane, j'étais déjà enceinte d'au moins deux bons mois. Je m'imaginais qu'après la guerre, Walter reviendrait, ou que je le rejoindrai quelque part. Qu'on partirait tous les trois, avec notre bébé. Alors, j'ai décidé de ne rien dire. J'avais trop peur qu'il se fâche, vous comprenez ? Qu'il m'abandonne pour de bon. Et puis, pour les enfants de là-haut, on ne savait pas. Je vous jure. On croyait qu'ils les emmenaient rejoindre leurs parents à l'autre bout de l'Europe. Un long voyage pour retrouver les leurs, c'est tout. Si j'avais su, vous pensez… D'ailleurs, quand on a été informés pour les camps, quand on a su pour les chambres à gaz et le reste, tous ceux qui avaient côtoyés les gamins de *La Colonie*, tous, on s'est bien gardé d'en parler. Jamais. Mais au fond de nous, depuis ce jour-là, c'est une partie de notre âme qui est devenue folle pour de bon…

Jeanne s'est tue quelques secondes, le temps d'essuyer ses lunettes au revers de son tablier.

Quand Marie s'est levée, sur le départ, d'un mouvement du visage, Jeanne a indiqué le jeune homme de la photo.

— Le ciel m'a fait payer, vous savez. Walter n'est jamais revenu de Berlin, et mon garçon, c'est l'armée qui me l'a pris. Un accident de jeep pendant son service. Il allait avoir dix-neuf ans.

De retour chez les Adler, Marie a choisi de ne rien dire.

Choisi de taire le silence de Jeanne, de lui laisser vivre ses dernières encablures comme elle avait vécu toute son existence : seule, si seule, à jamais privée d'apaisements.

Ce soir, retour à Bordeaux.

Au portrait du père posé sur la table de nuit, elle dira ses quatre vérités.

Puis elle s'allongera sur le lit qu'elle n'aura pas ouvert. Dans le silence de la chambre, elle ressentira le poids d'être fille de coupable. Il lui faudra s'habituer.

Dans le silence de la chambre, elle laissera revenir à la surface le souvenir qu'elle a de ce René de père, cherchera dans les cernes qui lui fonçaient les pommettes la trace des non-dits, des mensonges honteux.

Dans le silence de la chambre, pour se donner le courage d'affronter les lendemains, elle rêvera de voyages, de valises bouclées, de visages nouveaux.

Toute la nuit, elle tentera aussi d'éloigner Samuel du fond de ses pensées. Ce Samuel Adler, doux comme un petit garçon, emprunté comme un invalide. Samuel aux codes étranges qu'elle pense avoir déchiffrés. Ou du moins, commencé à le faire.

Ce qu'elle aime chez lui, c'est qu'il doute. Qu'il n'ose s'approprier l'espace et encore moins les gens. Ce qui l'a le plus touchée, c'est qu'en quelques mots il parvienne à se contredire, qu'il panique à la simple idée qu'on l'écoute parler. Elle sait bien qu'aujourd'hui il faut savoir répondre sans attendre, trouver le mot juste, être performant tout le temps. Elle sait aussi que dans cette période d'exigences furieuses, Samuel a toutes les peines du monde à choisir les attitudes, sélectionner les manières adaptées. Samuel paraît issu d'un autre temps, d'une époque révolue. Elle l'a observé, fragile, timide, maladroit…

De son père, il a épousé les souffrances, à sa mère, il a laissé tout l'espace. Tout juste a-t-il pu préserver sa parcelle parisienne, son école, sa classe, son territoire du onzième arrondissement. Un espace délimité aux codes rassurants.

Avant de s'en aller, à ce Samuel elle va écrire quelques mots. Une phrase ou deux. Juste lui dire les voyages qu'il perd en la laissant partir.

*

Une fois les Adler rentrés de la synagogue, ils passent tous à table.

Annah allume les bougies de la fête et on récite la Bénédiction, les Commandements et la lumière du Chabbat.

Léon précise à Marie que chaque personne doit boire quatre coupes de vin en se penchant du côté gauche, symbole de la libération des Hébreux.

Marie écoute en souriant, s'amuse du tourbillon qui lui tourne la tête après le second verre.

Samuel est attentif au spectacle du repas. Au père qui ne compte plus ses mots, à la mère qui écoute son homme comme s'il était miracle.

Lui entend son père désigner l'alignement magique des planètes. Évoquer l'aléatoire et l'ordre mystérieux des choses. Il l'entend comparer les astres du système solaire aux événements de sa vie, comme en suspens depuis soixante-dix ans. La tragédie de la Croix des Hauteurs, les photos prises par l'Allemand, la lettre des Ardennes, les mensonges des Domec, l'audace de Marie d'être venue jusqu'à eux.

— … C'est vrai, quoi ! Vous qui débarquez, Marie, et qu'on ne connaît pas. Avec votre terrible nom, pardonnez-moi… Et Samuel, mon Samuel qui met son pas dans le vôtre, Marie. Qui vous suit comme il n'a jamais suivi aucune femme…

Il se tait quelques secondes, semble ébloui par ce qui semble relever des fabuleuses conjonctures de l'existence.

— Si tout s'est enchaîné comme par miracle, poursuit-il, pareil à cet alignement favorable qu'on peut parfois observer dans le ciel, finalement, c'est peut-être qu'on l'a simplement mérité. Tous. Tellement…

Samuel effleure Marie du regard, assise face à lui. Il lui trouve le sourire pétillant.

Après le quatrième verre, Marie pose les coudes sur la table, ouvre ses paumes, y pose son menton.

— Ça vous intéresse ce que je fais dans la vie, Samuel ?

Pareil à ses élèves quand il les interroge par surprise, il se redresse sur sa chaise, déglutit, s'humecte les lèvres, sent dans ses orbites les globes oculaires se fixer.

Il toussote dans son poing refermé.

— Bien sûr. Pourquoi ?

— Simplement parce que vous ne me l'avez pas demandé.

C'est Annah qui vient au secours de son fils.

— Vous savez, Marie, mon Samuel n'est pas du genre à se montrer indiscret. Et puis, avec toute cette histoire, j'imagine qu'il a eu d'autres choses à penser.

Samuel fixe la nappe, la courbe de sa fourchette. Dans sa tête, il hurle qu'il a cinquante-sept ans, alors qu'elle arrête de parler de lui comme s'il sortait de sa semaine de *Bar Mitsvah*.

Ce qu'il aimerait dire, c'est que Marie, il se l'est imaginée marchande de chaussures. À genoux et délicate dans l'essayage des souliers. Il se l'est figurée aussi serveuse dans une brasserie à l'ancienne, tournoyant entre les tables, attentionnée et souriante.

— Si ça vous intéresse, Samuel…

Elle le fixe des yeux.

— … je suis fleuriste. Une petite boutique près de la gare Saint-Jean. J'aurais pu être libraire, aussi. J'adore les livres. Mais c'est comme ça. Fleuriste…

Il a envie de lui dire que ça lui va bien. Qu'il la voit comme s'il y était, les ciseaux à la main à confectionner des bouquets rouges et blancs pour les amoureux de passage.

— C'est bien fleuriste…

C'est tout ce qu'il parvient à répondre.

Les mots retenus, toutes ces phrases qu'il ne parvient pas à dire, toutes ces occasions manquées lui trempent la nuque, les aisselles.

Il saisit sa petite cuillère, enfourne une ultime bouchée de gâteau, le regard perdu dans son assiette.

Il voit à peine Marie se lever, l'entend dire qu'il sera tard quand elle arrivera à Bordeaux.

Il se lève à son tour, file à la cuisine remplir avec soin les compartiments du lave-vaisselle.

Dans le couloir, Marie pose sa valise. Elle embrasse Léon, claque deux bises sur les joues d'Annah.

Samuel entend sa mère dire qu'on n'est pas responsable de ce que nos parents ont fait. De bien ou de mal, ajoute-t-elle.

Samuel aimerait tant qu'elle se taise. Qu'elle gomme de ses habitudes ces commentaires qui peuvent être piquants. Des malentendus blessants à peine involontaires.

Il s'essuie les mains au torchon, rejoint les autres qui l'attendent.

Quand il se penche sur les joues de Marie, le parfum de son cou évoque toutes les fleurs de la boutique imaginée.

Elle pose une main sur le haut de son dos, se colle un peu.

Il sent l'arrondi des seins qui appuient contre son gilet. Ses lèvres aussi, à fleur d'oreille, qui lui murmurent qu'elle a laissé un mot dans sa chambre.

Samuel entend la porte claquer, puis les pas de Marie sur les gravillons.

Il gagne sa chambre.

De la fenêtre de la cuisine, Annah ne lâche pas Marie des yeux. Elle l'observe traverser le jardin, franchir la rue, installer son bagage dans le coffre de la Clio.

La carrosserie vibre au démarrage, le pot se met à fumer en tremblotant.

Marie laisse le moteur tourner, baisse une vitre, allume une cigarette. On dirait qu'elle attend.

Sur l'oreiller de Samuel, une page pliée.

Il s'assoit au bord du matelas.

Il lit avec prudence, s'accroche à chaque syllabe, s'emploie à soupeser le simple sens des mots. Il reconnaît l'emprunt, pour la première phrase, que Marie a fait à Alain Bashung.

Nous prendrons des trains à travers la plaine,

Laisse son regard s'arrimer aux deux lignes suivantes,

une fois loin des hommes, si loin,

nous danserons sous les tempêtes…

Il se mord les lèvres, emplit en vrac son sac de sport. A envie de pleurer. De rire, aussi.

Dans sa poitrine, le désir de partir, de danser avec elle.

Sans un mot, il traverse la maison, descend les escaliers, accélère le pas vers la voiture aux vitres grandes ouvertes.

Contre sa nuque, il ignore le regard qui le suit.

Dans sa gorge, une boule chaude palpite.

Il s'assoit, ferme les yeux, laisse passer les premiers mètres.

Au feu rouge du boulevard de la Paix, Marie pose une main sur la sienne.

Avant d'ouvrir les yeux, de sourire, de lui dire on y va, il se promet qu'au bout des années, sur un coin de carnet, un bout de nappe, il écrira l'immense joie de vivre et d'avoir aimé…

Il sent le pouce de Marie lui effleurer la peau, dessiner de petits cercles. Un monde nouveau.

La vie et rien d'autre…

Après 33 ans dans le Nord et 11 ans à Marseille, Gilles Vincent décide, en 2003, de poser valises et stylos dans le Béarn. Depuis 15 ans, il consacre le plus dense de sa vie à l'écriture. Il est aussi animateur d'ateliers d'écriture en milieu scolaire, en prison, à l'hôpital… Les pages lues, écrites sont ses poumons, les mots, tout le sang qui l'habite… Auteur de polars connu et reconnu, il a plusieurs fois été récompensé : prix Europolar 2014 pour *Djebel*, prix Cezam Inter-CE 2014 pour *Beso de la Muerte* et prix du Mauvais Genre 2015 du Val Vert du Clain pour *Trois heures avant l'aube*.

DU MÊME AUTEUR
AUX ÉDITIONS CAIRN

Un, deux, trois, sommeil, 2016

Noir Vézère, 2018

Peine Maximum, 2019

Ce pays qu'on assassine, 2021

Antiques trahisons, 2022

Dans la même collection

1-*Reconquista*, Serge Legrand-Vall

2-*Dans la douleur du siècle*, Gilles Vincent

3-*L'hôtel des ombres*, Jean Touyarot

Abonnez-vous à la newsletter

Vous souhaitez être averti(e)
des parutions en exclusivité,
bénéficier d'offres spéciales, etc. ?

Abonnez-vous, gratuitement
et sans engagement, à notre newsletter
en nous retournant le coupon ci-après.

Rejoignez-nous vite et n'hésitez pas
à inviter vote entourage.

Vous pouvez également suivre notre
actualité sur Facebook et Instagram :
#Du noir au sud

Mise en page et suivi de fabrication
Atelier Graphique Cairn
Achevé d'imprimer en avril 2023 par GN Impressions
pour le compte des Éditions Cairn
14 rue des Bruyères - 64160 Morlaàs
Tél. : 05 59 27 45 61 - communication@editions-cairn.fr
www.editions-cairn.fr
Dépôt légal : avril 2023
N° d'impression : 2070948